IS YOUR LIFE INSURED?

你为人生保险了吗？

王国军◎著

北京大学出版社
PEKING UNIVERSITY PRESS

图书在版编目（CIP）数据

你为人生保险了吗？/ 王国军著.—北京：北京大学出版社，2009.10
（保险科普丛书）
ISBN 978-7-301-15885-2

I. 你… II. 王… III. ①人身保险-基本知识-中国 ②养老保险-基本知识-中国
IV. F842.6

中国版本图书馆CIP数据核字（2009）第171101号

书　　名：你为人生保险了吗？
著作责任者：王国军 著
策 划 编 辑：徐 冰
责 任 编 辑：徐 冰 张迎君
标 准 书 号：ISBN 978-7-301-15885-2/F · 2306
出 版 发 行：北京大学出版社
地　　址：北京市海淀区成府路205号 100871
网　　址：http://www.pup.cn 电子邮箱：em@pup.pku.edu.cn
电　　话：邮购部 62752015 发行部 62750672 编辑部 62752926 出版部 62754962
印 刷 者：北京宏伟双华印刷有限公司
经 销 者：新华书店
787毫米×1092毫米 16开本 13.5印张 170千字
2009年10月第1版 2009年10月第1次印刷
定　　价：28.00元

目录

第1章　风险人生　1

1. 蛋壳脑袋　3
2. 又见皮尔森　8
3. 一首致命的歌　20
4. 保险命案　26
5. 两位外国专家　28
6. 皮尔森的第一课：风险与保险　31
7. 皮尔森的第二课：九段人生　39

第2章　保险的正面、反面和误区　49

1. 威廉•汤姆森　51
2. 保险消费的15大误区　54
3. 有关保险代理人素质和保险行业形象的讨论　121
4. 皮尔森的论文：保险营销的未来　134
5. 倾城之恋：当血红蛋白遇上一氧化碳　141

第3章　保险理财　149

1. 家庭理财与资源配置　151
2. 半亩园　158
3. 第一重选择：保险产品　162
4. 第二重选择：保险公司与代理人　170
5. 倾城之恋：旦夕祸福　180

第4章　水落石出　183

1. 皮尔森的推理　185
2. 英雄救美　194
3. 玩火者　199
4. 倾城之恋：好人一生平安　202
5. 砖头从楼上雨点般坠落　206

后记　209

第1章

风险人生

保险知识点

1. 意外伤害保险的定义和种类
2. 意外伤害保险的条件
3. 保险机制的运作原理
4. 健康保险的定义、种类和保险责任
5. 可保风险的条件
6. 健康保险与意外伤害保险的区别
7. 重大疾病保险
8. 人寿保险的定义、种类和保险责任
9. 风险与保险
10. 九段人生的保险规划

1 蛋壳脑袋

天阴沉沉的，风很大，就要下雨了。

在广州工作过两年，梅雨季节时最思念北京的天气，就是下雨也痛快淋漓，说晴就晴，说雨就雨，不像广州，连日阴雨，直下得人愁肠百结、肝肠寸断。

我是个喜欢痛快的人。

所以当师妹告诉我她喜欢楼下的一个帅哥，每天只能默默地看着他从楼下经过，却苦于不知如何表白时，我直截了当地告诉她，找一块适当的板砖——不能太大，那会出人命；当然也不能太小，否则命中率会降低，等他走到楼下时，扔到他的脑袋上，然后向他道歉。这样一来二去就可以了……

我瞎掰着，师妹很认真地听着，微低着头，有那么几分不好意思，看起来不像是在开玩笑。

师妹是个川妹子，很辣的女孩。师妹并非是我导师的学生，只不过她是经济学院研究生当中年龄最小的，所以人人皆呼其为“师妹”。

听完我的主意，师妹抬起头，看了我几秒钟，咯咯大笑，恢复了往日的辣劲儿。竟然说：“是条妙计！”

“可是，如果砸破了头怎么办？”她问。

“其一，刚说过了，砖不能太大或者太硬；其二，但愿帅哥长的不是一副‘蛋壳脑袋’；这其三嘛，最好帅哥买过一份意外伤害保险，那砖大一点也无妨。”

“什么叫‘蛋壳脑袋’？形状，还是硬度？”

“‘蛋壳脑袋’是刑事案件和民事案件中一个比较常用的类比案例，是说一个人的脑袋特别薄，却又不小心被别人轻轻拍了一下。拍在普通人的脑袋上什么事也不会有——也许还会很舒服，可拍到他的脑袋上就把他拍死了。你说这到底是谁的责任？是怪拍人者，按照过失杀人来判刑，还是怪被拍者脑袋太薄，拍他的人没有罪？”

“当然是拍人者的责任，他不出手，对方的脑袋再薄也不会破，即使破了也找不着他啊！”

“问题就在这里，‘蛋壳脑袋’是不是从生下来那天就在等待这样一个倒霉蛋，如果对方拍他时对他脑袋的硬度并不知情，按过失杀人判是不是很不公平？”

师妹想了想，“这的确是个难题，可你说的‘意外伤害保险’又是个什么玩意呢？不小心就会有意外伤害？”

师妹本科是学物理的，研究生改学经济学，又是研一，属于混沌初开那一类，对保险知之甚少，也没有我和保险学教授皮尔森交往的那般机遇，因此，保险启蒙的重担责无旁贷地落在师兄我的肩上。

“是的。‘意外’和‘伤害’得拆开来说。意外，顾名思义，就是意料之外的事。在保险学中，意外是指偶然的，突发的事故。”

“比如，走在楼下被人扔了砖头？”

“对——头，”我卖着四川腔：“还比如说，当你走在校门口紫光大厦的对面，发现紫光大厦忽忽悠悠往下倒，你觉得好玩，驻足观看，足足看了半个小时，直到大厦倒下来把你拍死，就不属意外；相反，当发现大厦开始忽悠你就逃跑，可还是没来得及逃出它的‘射程’，那可就是意外了。”

意外是指受害者不能预见伤害的发生，或者虽然预见到了却不能避免。

“够能‘忽悠’的！”

“说得严密一点，意外是指受害者不能预见伤害的发生，或者虽然预见到了却不能避免。”

“再详细点！”

“‘不能预见’是指无法预见或者虽能预见但由于疏忽而没有预见到；而‘预见到了却不能避免’是指受害人预见到了伤害的发生，但由于技术上没有能力从而无法采取相应的措施避免伤害或由于法律和职责的规定而不能避免伤害。”

“‘不能预见’，就像有人不能预见到楼上会有砖头扔下来？”

“对。‘预见到了却不能避免’，就像警察抓小偷，明知道小偷会几下功夫还拎着刀，警察也得上，因为那是他的职责。就像牛顿曾预言过的公元 2060 年世界末日来临，而人类所掌握的技术还不足以改变什么，那就只能等着小行星横撞过来，然后大家一同灰飞烟灭。”

“后面这个例子有点玄，不过你知道，我是学物理的，牛顿也有错的时候，而且世界末日的预测是在他开始痴迷于神学之后，也就是研究‘圣经密码’时得出的结论，算不得科学。”师妹说：“不过你说的道理我明白了。就像在高速公路上飙车时突然刹车失灵，停不下来也跳不出去，只能等着事故的发生。那‘伤害’呢？”

“伤害的构成必须具备三个条件，致害物、致害对象和致害事实。”

伤害的构成必须具备三个条件：致害物、致害对象和致害事实。

“需要解释！”

“其一，要有明显的外来致害物，导致受害者的身体受到伤害，伤害的程度是剧烈的，破坏性的。”

“像砖头砸了‘蛋壳脑袋’，砖头就是致害物？”师妹的例子仍旧围绕着“蛋壳脑袋”转。

“而且还得砸破。砸在‘钢壳脑袋’上，把砖头崩碎，脑袋无恙，还是不能构成伤害。‘伤害’这个词完全可以顾名思义，要有‘伤’或‘害’，砸破了或砸得脑子进水了都可以，前者有伤，后者有害。”

“所谓的‘致害对象’就是被砸的人啰。”

“可以这样理解。但在保险理赔中，伤害的构成还有更严格一点的条件，必须是人的天然躯体所受到的伤害。”

“人的天然躯体？”

“也就是说，不能是假肢或假眼。日本曾发生过被保险人假腿被汽车撞断后向保险公司索赔的案例。还有一起导盲犬在交通事故中为救主人而受重伤的案例。法庭支持保险公司不赔，因为所伤的不是人的天然躯体。”

“有点意思，那意外伤害保险起什么作用呢？”

意外伤害保险就是在被保险人发生保险合同所约定的保险事故后，保险公司按合同予以补偿的保险。包括死亡给付、残疾给付、医疗给付和停工给付。

“意外伤害保险就是在被保险人发生保险合同所约定的保险事故后，保险公司按合同予以补偿的保险，包括死亡给付、残疾给付、医疗给付和停工给付。”

“死亡和残疾给付很简单，我能理解，就好像有人被楼上扔下来的砖头砸死了或砸残了，保险公司就给钱。那医疗给付和停工给付呢？”

“被砸伤了去医院包扎或者开颅要花钱，治伤期间不能继续做实验，暂时停工也有损失不是？保险公司也要赔。不过，大多数的意外伤害保险只保死亡和残疾，提供医疗给付和停工给付的意外伤害保险比较少，也要贵许多。而且残疾还要分成若干等级，保险公司根据残疾的程度支付保险金。”

“根据残疾的程度支付保险金？”

“举个例子说，就是断一根脚趾赔 1 万，断一条腿赔 5 万，四肢全废赔 50 万，脑袋也下来了，就全赔。”

“这钱还是不拿的好。不过保险公司哪儿来的钱，冤大头？”

“买保险的人，也就是投保人缴纳的保险费呀，买保险是要花钱的。发生事故的人毕竟是少数，而只有发生事故的被保险人才能拿到保险金，其他的人是拿不到保险金的。发生事故的少数人花了所有投保人缴纳的保险费。当然了，保险公司也要从中赚一点，它也不是什么慈善机构，

也有运营成本。不过，意外伤害保险是最便宜、最适用的险种之一，比如乘飞机，一张航空旅客意外伤害保险单 20 元的保险费对应的是 40 万—60 万元的保险金，就这，保险公司的保险费还是要高了，其实应该收的保险费不足 3 元钱。”

意外伤害保险是最便宜、最适用的险种之一。

“那不出事儿，交了保险费拿不到保险金的人岂不是很亏？”

“可是他获得了拿保险金的机会，一旦出事儿就能获得保险金。就像飞机上的降落伞，也许一辈子都用不着，但一旦用得着的时候就可以救命，提供一段时期的保障才是其真正的价值。”

“看来保险是个好东西，从经济学的角度讲就意味着大家在分散个体的风险，这里面体现的是人类的互助精神。”师妹很开窍。

“不错，要入门了，要不要继续学？”

“可惜没你幸运，有机会遇到皮尔森教授。”

“哈哈，皮尔森就要来中国了。昨天我收到了他的邮件，他说他即将开始一次神秘的中国之旅。”

“‘神秘’之旅？”

“他是为侦破一件保险案件而来，要当一次福尔摩斯。”

“福尔摩斯？这样子啊，好奇中……”

2 又见皮尔森

飞机晚点，我们在首都机场的候机大厅里已经整整等了三个小时了。翘首等待皮尔森飞来的接机者除了我和师妹外，还有我大学时的同学、已海外学成归来、目前是大中华人寿保险公司核保与核赔中心副总经理的沙纳，以及与师妹同宿舍的女孩——生命工程学院的研究生谢倾城。

谢倾城名如其人，确有倾城之貌，只是这半年来每次见到她总感觉到她有那么点神不守舍。

也难怪，一个漂亮的女孩，经历着这么多的事，做一个正常人已经很难。

谢倾城的故事有些传奇，如果碰上个小说家，足可以写一个起伏跌宕的故事，但师妹本科是学物理的，描述起来步骤固然清楚，那腔调却像在做一场实验报告。

一个月黑风高之夜，谢倾城从家里回学校，路遇两名劫匪，一个会武术的小伙子舍命相救，才未受伤害。为了找到救她的小伙子，她四处寻找，半年多却杳无音信。

苍天不负有心人，谢倾城一次在乘坐公共汽车时见到小伙子又在见义勇为，帮着警察抓小偷，身手非常敏捷。可当时她在车里，小伙子在车外。等她从车上挤下来，小伙子已经坐着警察的车走远了。谢倾城赶到派出所，说明情况，想找到小伙子报答相救之恩。民警说小伙子是个外来务工人员，在派出所做了个记录就走了。派出所的记录上只有小伙子的姓名，叫方泉，既没有住址，也没有联系电话。谢倾城只好请民警帮忙，若再见到方泉请一定通知自己。

这次的偶遇坚定了谢倾城寻找方泉的信心，但又一个学期过去了，谢倾城还没有找到小伙子的踪迹。偌大一个北京城，找一个人真如大海捞针一般。

我相信找人也是可以上瘾的。初中时生物老师把大家撒到山上捉刺猬，结果大家捉上了瘾，天都黑了，还有一半学生没回来。第二天三个学生逃学，又去捉了。找刺猬尚且如此，找人估计也这样，何况还是见义勇为的大帅哥。

师妹是谢倾城的室友，自然也在帮助谢倾城设计每周末的寻找路线，鼓励并安慰着谢倾城。

再次偶遇方泉就像一个奇迹，谢倾城骑车时和一辆三轮车发生了剐蹭，抬头一看，那个骑三轮的人恰是方泉。

方泉是个高考落榜的打工仔，在北京已经漂了三年了，最近又没了工作，目前在为一个家具公司临时拉点散货。

谢倾城好说歹说才把方泉请回了家。谢倾城的父母见到方泉也是万分高兴，盛情款待恩人之后，要给方泉两万元钱作为回报。方泉坚持不收，谢家更为感动，决定留方泉在谢家餐馆里帮工。

谢家从事餐饮业已有一百多年的历史，一款秘方烤鸭风味独特，据传全聚德曾欲重金购买谢家的秘方而遭婉拒。只是谢家历代技术有余而管理不足，至今餐馆的规模仍然不大，也没有全聚德那么大的名头。但对方泉而言，这份工作已经是梦寐以求的了。

谢倾城爱上方泉，那是再自然不过的事了。方泉称得上一个帅小伙，一米七八的个头，体格健壮，棱角分明，眉目俊朗，双目有神。更难得的是浑身散发着一股蓬勃的朝气和正气，令见到他的人都为之精神一振。品貌齐备，又是恩人，怎么看怎么喜欢。

方泉在谢家帮工的那段时间，谢倾城回家的次数明显增多，以至于师妹有时候几天都见不到谢倾城的面。

谢倾城父亲对女儿的爱情持明显的反对态度。待女儿的爱情倾向明朗后，谢倾城父亲找方泉长谈了一次，第二天方泉就没再来上班。谢倾城也和父亲大吵一场后，宣布从此不回家。谢倾城和方泉的联络却再未中断，方泉决心在京城做出一番事业，可对于一个外地来京的打工仔，这又谈何容易。

方泉告诉谢倾城，自己从安徽老家来北京打工并不是为混口饭吃，而是想做一番事业，在北京打工的三年他干过很多行业，也接触了很多人，积累了一定的社会关系，有了很多的想法，可以说是到了厚积薄发的阶段，到了“是骡子是马拉出来溜溜”的时侯了。谢倾城只道方泉是在劝慰自己，但师妹见过方泉之后，却斩钉截铁地说这方泉要是真有倾城这样的贤内助，只怕会有一番大大的作为，弄不好就会是潘石屹第二，马云第三。

方泉喜欢看书，在师妹和谢倾城的策划下，他的生意就从卖书开始了。先是在每年的四到七月份在各大学收购毕业生们处理的教材，然后在九月份再卖回给刚入学的新生和低年级学生。一开始生意还不错，就是非常累，方泉一个人根本忙不过来，后来找了两个同乡帮忙，才勉强应付过来。增加了人力，业务量上去了，但成本也增加了，需要更多的流动资金。谢倾城这时自然想到了互联网，于是找同学帮忙做了一个网站，免费挂在别人的服务器上，做起了校园里图书交易的电子商务。白手起家，创业何其艰难，最令谢倾城欣慰的是方泉有着一股百折不回的干劲。

这次来接皮尔森是师妹硬将谢倾城拉出来散心的，师妹认为解除郁闷是支持方泉做大做强的重要前提。按师妹的意思，倾城应该和方泉私奔，现在都什么年代了？谢倾城咬着牙说："咱怎么着也是一良家妇女，要奔咱也得'公奔'——'公开'地坐着方泉的'大奔'开将过去，得让父母刮目相看，方泉应该有这个能力，只是还没有这个机遇。"

谢倾城常常走神。

沙纳说："倾城啊，生命工程是和我们做保险的对着干呢，你们要夺走我们的饭碗。"

倾城说："那好啊。"

沙纳说："比如说，你们利用基因组检测技术给人进行基因组测序，并能够告诉每一个人在什么时候会得什么病，或者基本上不得什么病。那就只有知道自己会得病的人才来买健康保险了，我们卖一份健康保险就注定要赔一份，保险公司就亏本不能做了。"

倾城说："那好啊。"

沙纳说："这不是危言耸听，现在国外已经有两位科学家拿到了自己的基因图谱了，未来普通人也将能够以低廉的成本获得属于自己的基因组测序。"

倾城说："那好啊。"

沙纳说："可保险公司是很难获得被保险人的基金图谱的，被保险人和保险公司的信息不对称会更严重，健康保险真的没法做了啊！"

倾城说："那好啊。"

沙纳顿了一顿说："健康保险是个好东西啊，谁能保证自己不得病呢？平时交点保险费，生病时有人给花钱，不至于没钱治病，误己误人。大家一起交钱，少数生病的人用钱，大家互济，多好呀。"

倾城说："那好啊。"

健康保险就是为保障被保险人的健康的保险，投保人缴纳保险费，等被保险人生病花费医疗费用时由保险公司埋单。

沙纳再顿一顿说："倾城啊，健康保险就是为保障被保险人的健康的保险，投保人缴纳保险费，等被保险人生病花费医疗费用时由保险公司埋单。分为疾病保险、医疗保险、失能收入损失保险和护理保险四大类。"

倾城说："那好啊。"

健康保险分为疾病保险、医疗保险、失能收入损失保险和护理保险四大类。

沙纳说："疾病保险是被保险人得了保险单中规定的疾病，保险公司就给钱；医疗保险是保险公司报销被保险人的医疗费用；失能收入保险是保险公司为疾病导致失能而丧失的收入进行补偿；护理保险是保险公司支付被保险人的病期护理费用。"

倾城、师妹和我异口同声地说："那好啊。"

谢倾城回过神来，看着沙纳说："沙纳啊，认识你这么长时间了，你总是颠倒黑白。生命科学怎么会是和保险对着干呢？其一，只是一部分疾病和基因有关，很多疾病是环境和人的生活习惯造成的，因此并不是说人类具有了预测与基因有关的疾病的能力，健康保险就没有用武之地了。其二，基因工程不但可以预测与基因有关的疾病，也可以治疗很多很多疾病呢，比如谁的良心坏了，就用基因工程在猪身上给他培养出一个新心来然后移植上去，成本又低又没有排异反应，保险公司得省多少钱呢！其三，保险的目的和生命工程的目的是一样的，都是为了人们

活得更好，前者是减轻人类的痛苦，后者是分散人们的风险，从本质上讲，都不是营利工具。不要老谈什么饭碗啊、钱啊什么的，那样太狭隘了。”

谢倾城一旦回过神来，沙纳就只有听训的份儿了。

沙纳想要辩白几句，可半天也没哼出什么漂亮的词来。

好在皮尔森教授及时出现了。

皮尔森教授拖着巨大的旅行包，从出口处走来。几年不见，皮尔森教授依旧神采奕奕，只是头顶的白发更显稀疏，“地方”显然已经不能照顾“中央”了。

皮尔森给了我和沙纳一个热烈的拥抱，然后在我的介绍下和师妹、倾城亲切握手。皮尔森仔细打量了谢倾城一番，说：“张爱玲有个小说《倾城之恋》，你的名字和它有什么联系吗？”

沙纳接茬说：“张爱玲的‘倾城’是城市被敌军攻破；谢倾城的‘倾城’是一笑倾城、再笑倾国的‘倾城’，形容美女之美……”

皮尔森问：“那在中国，名字叫倾城的人应该很多喽？”

沙纳说：“非也，极少极少，若非真的出众，谁敢叫这样的名字呢？”

“好啊。”皮尔森频频点头。

按沙纳的安排，我们从首都机场驱车直奔皮尔森上次来中国时租住的坐落在西山别墅区的落霞山庄。

对再次下榻落霞山庄的安排，皮尔森非常满意，那里有宜人的景色，还见证着他和几个中国学生的友谊。

车沿着五环路向西奔驰。皮尔森摸摸自己毛发稀疏的头颅，考问沙纳：“我的头发长不住了，对我而言，是一个不小的损失。中国有句古话叫做‘老爱胡须少爱发’，我从来不留胡须，而是把全部的爱都倾注到了头发上，可是岁月不饶人啊，就快爱无所依了。你所供职的保险公司可不可以卖给我一份健康险呢，就保障我的头发？”

沙纳已是中国最大的寿险公司之一的中层领导了，这样的问题如果答不出来，那可是大大地丢份。

沙纳沉吟片刻，侃侃而谈：“您这一问套着两层问题，一层是风险的可保性问题，一层是健康保险的条件。”

“呃？”教授仅发出了一个短暂的音节，等待沙纳继续说下去。

客观风险是有其发生概率，不以人的意志为转移的风险。

“世界上的风险太多了。我们每天都生活在各种各样的风险之中。比如教授您乘飞机飞越大洋，这风险可是着实不小。空难发生是有其概率的，不以人的意志为转移，故称为客观风险。飞机着陆后刚刚觉得安全了一点，当然这是您的感觉，所以称为主观风险，现在又坐上汽车在北京的高速路上飞驰，可您也知道北京到处都是车技平平的马路杀手，他们驾着车，拿油门当刹车踩……”

后视镜里皮尔森耸耸肩，沙纳赶紧扳回正题：“在同样的客观风险下，人们的主观风险是不一样的，比如我坐飞机时怕得要死，教授坐飞机觉得比躺在床上睡觉还安全……”

主观风险是个人所感受到的不确定性。

大家哄笑。

沙纳接着说：“有些人厌恶风险，比如，我就不愿意坐飞机，总希望搭乘我认为更安全的交通工具；而有些人爱好风险，比如教授您，不但喜欢坐飞机，还想登珠峰，参与破获保险欺诈案件什么的，哪儿有风险就喜欢往哪儿钻。”

皮尔森说：“可我依然活得很好，我的例子说明，只要风险管理到位了，绝大部分风险是可以对付的，以最低的成本获得最大的保障是我们利用保险制度的圭臬。”

沙纳继续讲：“厌恶风险是绝大多数人的风险态度，他们希望把风险转嫁给别人，也愿意承担一些转嫁风险的代价。那么谁愿意接受风险呢？一类是爱好风险的人，另一类是风险中性的保险公司——专门‘玩’风险的机构。然而，保险公司并不会接受所有的风险，很多风险是保险公司必须拒之门外的。那么保险公司接受风险的条件都有什么呢？”

沙纳从前排座位欠身扫了一眼谢倾城。这次谢倾城没走神，一直在认真地听沙纳神侃。看到沙纳观察自己，反而装出一副漫不经心的样子，摆弄着手链上一粒红色的心形玛瑙。

谢倾城是沙纳前女友唐朵的好朋友。唐朵留在纽约，沙纳回国工作，时过境迁，两个人早已不再是恋人关系。实际上，沙纳觉得自己更喜欢谢倾城，暗恋她已经好几年了，但谢倾城一直很冷淡，这不仅仅是因为沙纳和唐朵的关系，也是倾城作为一个漂亮女孩面对众多追随者的一致态度——矜持。矜持就是魅力。自从方泉出现后，倾城对其他仰视者就更加不屑一顾了，她的情感正应了那首古诗：“曾经沧海难为水，除却巫山不是云，取次花丛懒回顾，半缘修道半缘君。”

沙纳知道谢倾城在听，卖完关子后说得更加起劲了。

纯粹风险是只有损失可能而无获利机会的风险，与之相对应的投机风险则不仅有损失可能，而且有获利机会，比如赌博、炒股等风险即为典型的投机风险，保险公司是不保的。

“可保风险的第一个条件是风险必须是纯粹风险。纯粹风险是只有损失可能而无获利机会的风险，与之相对应的投机风险则不仅有损失可能，而且有获利机会，比如赌博、炒股等风险即为典型的投机风险，保险公司是不保的。保险的目的是补偿被保险人的经济损失，安定其生活而绝不能成为被保险人获利的手段，只有这样，保险才能持续地发展下去，如果被保险人能够从保险中获利，那么他就可能会有意或疏忽以促使这种风险的发生从而从中牟利。”

皮尔森问：“如果保险公司承保纯粹风险，将引发什么呢？”

沙纳答：“道德风险。可保风险的第二个条件是，风险所造成的损失必须是意外和偶然的，是不确定的。必然会发生或必然不会发生的风险损失是不可保的。比如，在保险实务中，保险公司不会为一个生命垂危、行将死去的人提供保险。在健康保险中，保险公司对被保险人投保时的身体状况和已往病史非常关注。如果投保时，被保险人已经患了某种保险责任之内的疾病，保险公司就会拒绝承保，因为此时，被保险人患这种疾病的风险概率已经是100%了。”

终身寿险是指以死亡为给付保险金条件，且保险期限为终身的人寿保险。

谢倾城问：“终身寿险是在被保险人死亡后支付保险金，难道人不是必然都会死去吗？”

以生存为给付保险金条件的叫生存险；以死亡为给付条件的是死亡险，也是通常所说的狭义的寿险；不论生存还是死亡都给付保险金的叫两全险。

“用外国人常说的一句话，你提了一个好问题，”沙纳说：“每一个被保险人都是注定要死的，但具体到某个人其死亡的时间是不确定的，因此生存和死亡这样的风险就具备了可保性。以生存为给付保险金条件的叫生存险；以死亡为给付条件的是死亡险，也是通常所说的狭义的寿险；不论生存还是死亡都给付保险金的叫两全险。加上以疾病为保险事故的健康险和以意外伤害为保险事故的意外伤害保险，就构成了寿险公司最基本的业务元素。寿险公司的产品五花八门、名目繁多的上万个险种都是由这五块砖组合而成的，保险公司设计产品的精算师们不过是在拿这五块砖搭积木罢了。”

皮尔森频频点头，沙纳眉飞色舞：“可保风险的第三个条件是，损失的概率分布是可以确定的，也就是说，保险公司能够推算出被保险人发生某种风险事故的概率，这样，保险公司就可以测算出未来的保险期间内有多少损失会发生，也就能够得出向每一个投保人收取多少保费才能保证保险公司在未来可以实现收支平衡，不至于入不敷出，保险机制就可以运行下去了。”

沙纳喘了口气，继续说：“不过，保险公司计算损失的概率分布时，必须具备一个条件，那就是它收拢的风险单位必须达到一定的大数，而且数量越大，概率的推算越准确。这就像投硬币，投的次数少，出现正面的概率是极不稳定的，但你如果投成千上万次，出现正面的概率就基本稳定于 50% 了。再比如机动车发生碰撞的概率，在北京的朝阳区，它每年几乎是恒定的；但如果就缩小到一个小区的 30 辆车，那碰撞的概率是没有人能够比较准确地推算出来的。”

谢倾城又问：“风险单位数是指被保险人的数量或者车的数量吗？”

沙纳回答：“你说的那是保险单位，每一个保险标的可以称为一个保险单位。风险单位是指发生一次保险事故的最大损失范围。风险单位和保险单位多数情况下重合，有时又有较大差别。比如，在地震保险中，坐落在同一地震带上的几个城市加起来虽然有几千万的人口，但也只是一个风险单位。以中国台湾为例，台湾地区虽然人口众多，但在地震保险中，台北、台中和台南顶多算三个风险单位，根本构不成大数，所以如果仅靠台湾地区就做不成地震保险。

风险单位是指发生一次保险事故的最大损失范围。

皮尔森问：“风险单位数达到一定的大数就可保了吗？”

沙纳回答：“还要求风险单位是同类型或相似的，正是所谓的‘物以类聚，人以群分'，不能将茅草屋和写字楼放在一个风险集合中，也不能把自行车和宝马车放在一个风险集合里，不可滥竽充数。"

皮尔森问："还有什么条件呢？"

"风险引致的损失是可以用金钱计量的，否则保险公司就不知道出事后该赔多少钱，也无法精算出该收取多少保险费，" 沙纳掰着手指头回答："而且还要求投保人愿意或能够支付得起保险费，买保险比不买保险划算，毕竟除了用保险转嫁风险之外，还有其他的风险管理手段可选。最后的条件是保险公司所承保的风险不会导致特大灾难使保险公司破产。"

沙纳说完，颇为得意，似乎在等待教授的夸奖。

皮尔森教授沉吟片刻说："可保风险的条件是保险学的基本知识，买保险的人首先要考虑自己面临的风险是否具有可保性，不具有可保性的风险是不能通过保险公司转嫁出去的。不过，你说的全是教科书上的标准答案。而在实务中，可保风险的七个条件是可以打破的。"

沙纳哈了哈腰，愿闻其详。大家也聚精会神地听皮尔森解说。

"话说 1971 年，在尼斯湖边上有一个 Cutty Sark 的威士忌酒厂，这个酒厂为了招徕世界各地的探险家到此，曾悬赏 100 万英镑捉拿尼斯湖水怪。如果真的有人捉到了水怪，支付 100 万英镑会使酒厂老板倾家荡产的，所以他想把这一风险转嫁给保险公司。在风险单位数量只有 1 个、损失概率也无法确定的情况下，英国劳合社的独立保险人还是同意以 2500 英镑的价格承保了。"

师妹插了一句："保险人赚了，到现在尼斯湖水怪仍然生活在尼斯湖的湖光山色中或者人们的幻觉里。"

"是的，"皮尔森说："可当时保险人也觉得风险不小啊，支付 100 万英镑的保险金会使独立保险人破产的。所以保险人在保险单上附了三个条件：一是捉到的尼斯湖水怪的长度要在 20 英尺以上，不能让探险家钻空子，捉个小泥鳅也说是尼斯湖水怪来领赏；二是水怪能够被伦敦国家历史博物馆的馆长所认可；三是如果真的捉到了水怪，保险公司替酒厂支付这 100 万英镑的赏金，但水怪无论生死都得归保险人所有。”

谢倾城笑道：“保险人要改当水怪动物园园长了啊。”

师妹说：“活水怪可以养在池子里卖门票，死水怪也可以做成标本，展览创收。不过，师兄你在广州工作过，水怪肉卖到你们那里是否可以狂赚一笔呢？”

沙纳转回正题：“风险的可保条件被经济利益撕破了。”

皮尔森说：“正是打破既定框架的努力使保险有了创新。第一架民用喷气式飞机、第一颗人造卫星、第一个大型水利工程的承保都经历了类似的过程，保险业就是在这样破与立的过程中实现了创新和发展。”

沙纳感慨：“我们国家的保险公司在产品设计上裹足不前、缺乏创新，看来还是思想观念上的一些藩篱需要拆除，应该让保险发挥更大的作用。”

皮尔森拍拍自己的脑袋说：“请回到我的头发上。沙纳，我到底能不能在你的公司买到保障头发的健康险？”

沙纳说话明显地谨慎起来：“教科书上说的健康保险的三个条件包括，其一，健康保险所承保的疾病应当是人体内在原因导致的精神和肉体上的痛苦或不健全，疾病与意外伤害的区别在于后者是由明显的外来因素所致。其二，必须是由健康状态转为不健康状态，也就是说在保险合同订立之前病态尚未显现。其三，必须是由非正常的生理原因所造成的。犹如机器使用过程中的磨损，衰老过程中脱发这样的正常生理现象不应是健康保险所能够保障的，何况在您希望到我们公司投保之前您老人家已经‘秃相毕露’了！”

3 一首致命的歌

黎明，落霞山庄。

我被清脆的鸟鸣声惊醒。晨光熹微中的西山别墅区鸟鸣花香，一派旖旎风光。

刚想踏出客房外欣赏美景，我却听到了一种与这优美祥和的环境极不协调的声音：夺人心魄的歌声从皮尔森的房间里传出来，歌里充满了极度的悲伤与绝望。

绝望的星期天
我的时间在沉睡
亲爱的

我生活在无数暗影中
白色的小花将不再能唤醒你
黑色的悲伤的灵车上载着你
天使们将不会回望到你

他们是不是愤怒了
因为我想加入你们？
绝望的星期天

星期天是绝望的

和暗影一起

我将它结束

我的心脏和我都相信这是它的终结

很快这里的鲜花和祷文将是悲伤的

我知道

这祷文让他们不哭泣

让他们知道

我很高兴离开

死亡不是梦

因为我在死亡中爱抚着你

在我灵魂最后的呼吸中我祝福你

绝望的星期天

梦中

我不只是在梦中

我醒来并且寻找你

我的心陷入深深的睡眠

亲爱的

我心上的人

我希望我的梦不会让你苦恼

我的心告诉你我有多么想你

绝望的星期天

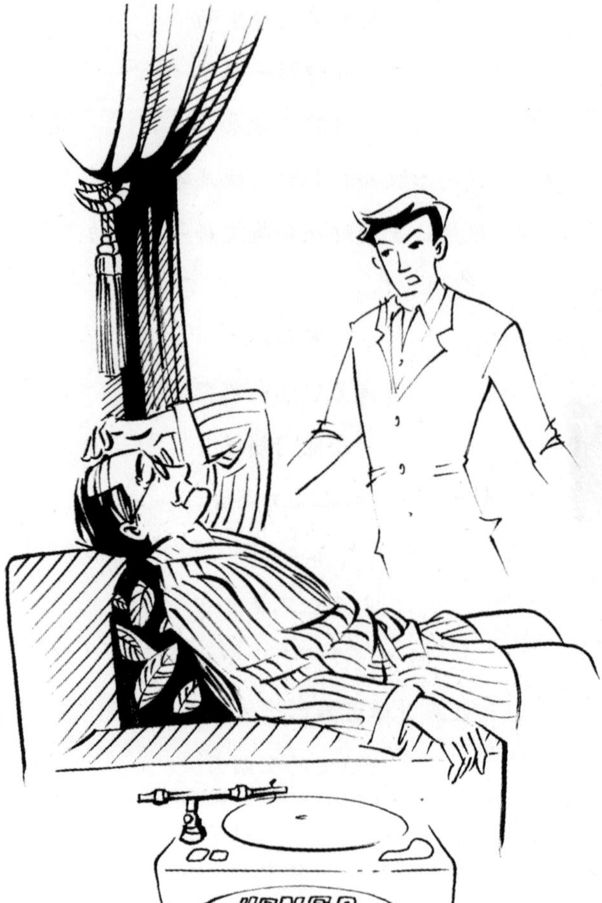

歌声犹如从地域缝隙中冒出来，将一块块无形的巨石垒在我的胸口，我像被噩梦魇住了一样。那一刻，几乎窒息的感觉是如此真实，如此清晰，我竟然觉得自己在和魔鬼在天际共舞，缓缓地把手伸向死神。一曲终了，我的泪水不可遏制地奔泻而出。

我疾步冲进皮尔森教授的房间。只见皮尔森教授疲惫地斜靠在沙发上，汗涔涔的，一手扶着已关闭的唱机，满脸都是痛苦的神色。

皮尔森见到我的第一句话不是“早上好”，而是——“我要自杀！”

我着实被吓了一跳，以为自己听错了，可是皮尔森说出的那几个单词再清楚不过了，的确是“我要自杀！”

现在偌大的落霞山庄只有我和皮尔森两个人。昨晚皮尔森教授的接风晚宴之后，沙纳开车送师妹和谢倾城回城去了，只有我留在落霞山庄陪着皮尔森，而现在的皮尔森竟然要自杀。

皮尔森敲了敲毛发稀疏的头颅，定定神，耸耸肩，微微一笑，问道：“你可曾听过一首歌，叫‘黑色的星期天’？”

印象中是有这么一首歌。《黑色的星期天》也被人们称为“魔鬼的邀请书”，至少有 100 人因听了它而自杀，以前只是有些耳闻，从来也没当回事，难道刚才皮尔森这里播放的就是这首《黑色的星期天》？

皮尔森又一笑，指着唱机说道：“这就是《黑色的星期天》，要不要再听一遍？”

我连忙摆手。生活正在向我展露它最美丽的画面，还有更美好的未来等着我，有面包和鲜花，我还要活着！

“好吧，年轻人。”皮尔森说：“其实这首歌也没有那么大的魔力，我听完了，不还是好好的吗？”

我吐了吐舌头，学着皮尔森刚才的样子说：“我要自杀！”

皮尔森站起来耸耸肩，开始讲述这首《黑色的星期天》的故事：

1932 年，匈牙利作曲家鲁兰斯•查理斯失恋后，在一个忧郁的星期天早晨写下一首充满哀愁的歌曲，名为《黑色的星期天》。

开始时，没有音乐商愿意发行这首曲子，太过低沉的旋律令发行商听而却步。几经周折之后，布达佩斯的一个发行商在没有试听的情况下很草率地签约发行了这首《黑色的星期天》。没有人想到，这首歌曲流入世间竟引发了许多悲惨离奇的事故。有音乐评论家说，就像古希腊神话所描述的那样：打开潘多拉盒子，无数妖魔和灾难便被释放到人间。然而，潘多拉盒子中最后一个出来的是“希望”，人类在希望中得以延续；而《黑色的星期天》所带来的恰恰是“绝望”。

《黑色的星期天》夺走了数以百计的生命。它无比忧伤的旋律令演奏者和聆听者不能自持而纷纷自杀。

第一个有记载的因《黑色的星期天》而自杀的人是英国军官劳伦斯。劳伦斯在公寓中度假，闲极无聊，打开了邮递员送过来的《黑色的星期天》唱盘并放入唱机。未等曲终，劳伦斯便对准自己的太阳穴扣动了扳机。当家人听到枪声冲进他的房间时，《黑色的星期天》犹自余音袅袅，绕梁不绝。

女警官达芙妮负责此案的调查。劳伦斯是陆军中的少壮派，仕途顺利，前途远大，家庭也颇为幸福和睦，实在找不出他自杀的理由。在现场勘验时，细心的达芙妮按动了劳伦斯自杀时座椅旁边的唱机，《黑色的星期天》悠然奏响。当房间里再次响起枪声时，人们发现达芙妮也已经握着手枪倒在了血泊之中。桌上还放着她匆匆写给警察局局长的遗言：“局长阁下：我受理的案件不用继续侦查了，凶手就是这曲《黑色的星期天》……”

美洲大陆上第一个因《黑色的星期天》而自杀的人是一个叫做托马斯的美国商人，他听了《黑色星期天》后开枪自杀。与英国军官劳伦斯不同的是，托马斯开枪前留下了极为简短的遗言：“请把这首曲子作为我葬礼的哀乐。”在托马斯的葬礼上，播放音乐的时候礼堂里空无一人，连负责播放音乐的乐师都在把唱盘放入唱机的一刹那逃之夭夭，只有《黑色星期天》在礼堂中哀婉地回响。

众目睽睽之下的自杀案发生在比利时的一个酒吧里。乐队演奏管弦乐《黑色的星期天》时，纷乱嘈杂的酒吧间变得死一般的寂静，尚未奏完第二段，人群里突然有人歇斯底里的大喊一声：“我实在受不了啦！”只见一名匈牙利青年一仰脖子喝光了杯中酒，掏出手枪对着自己太阳穴扣动了扳机，然后“砰”的一声倒在血泊里。乐曲戛然而止，琴弦崩断，人们如坠噩梦之中。

再后来，一位叫做克拉多的勋爵在维也纳出席音乐会的时候，坚决要求在场的一位小有名气的钢琴家弹奏一曲《黑色的星期天》。钢琴家开始坚决不答应，但迫于好奇观众的压力，只好演奏。这位钢琴家在演奏最后一个音节的时候，用尽全身力气，将双手摔碎在琴键上。音乐会之后，克拉多勋爵也突然失踪，再也不曾出现过。

意大利米兰的一个音乐家认为关于《黑色的星期天》的故事都是谣传，他不相信一首曲子会有那么大的魔力。音乐家找到乐谱后试着在自己客厅里用钢琴弹奏了一遍，竟也死在钢琴旁。他在《黑色的星期天》的乐谱上写下了极为潦草的遗言："乐曲的旋律太残酷了，这不是人类所能忍受的曲子，毁掉它吧，毁掉它吧，毁掉它吧……"

类似的自杀消息一个接着一个，从欧洲到美洲再到亚洲，整个世界为之恐慌。由于听了《黑色的星期天》而自杀的人越来越多，美、英、法、西班牙等 21 个国家的电台便召开了一次特别会议，号召欧美各国联合抵制《黑色的星期天》。自 1945 年开始，欧洲各国联手查禁、焚毁了此曲。

皮尔森一口气讲完《黑色的星期天》的故事，拉起我跨出门外。

一轮朝阳从山峦一角照进落霞山庄，真是一个阳光明媚的早晨。

皮尔森长长地吁出一口气说："我现在接触的案子就和这首《黑色的星期天》有关，老华侨方锦文一个月前在北京的别墅中被大火烧死。在火灾现场，警方找到了这首《黑色的星期天》的 CD 唱盘，而方锦文生前曾分别在两家保险公司买过 300 万元的寿险保单。"

又是一桩和保险有关的命案！保险制度是人类智慧的结晶，它利用自然界的大数法则，通过向所有投保人收取少量的保险费，将个人和家庭难以承担的、不确定的风险损失转变为投保人确定的保费支出，在众多的投保人之间将风险分散开来，为其中极少数遭受风险损失的被保险人提供及时而必要的经济补偿。正如"平时投入一滴水，难时拥有太平洋”的广告词所说的那样，保险是人生中救急的降落伞和防护垫。在现代社会，几乎没有人能够彻底地离开保险，更没有人和保险毫无关联。保险为幸福人生提供了必要的保障。然而，自从保险这种制度诞生的那一天起，保险的负面效应就一直存在着，如影随形。像一枚硬币，任何事物都有正反两面，保险制度也是如此，我们要做的是只能是趋利避害，既利用保险制度为我们提供必要的保障，也不被其负面效应所伤害。

沙纳曾说：“保险实际上是一把双刃剑，用不好便可能伤己。”皮尔森还说：“‘双刃剑’这个词本身就不恰当，属现代汉语中的粗制滥造。剑总是双刃的，单刃的那是刀。”

有刀就有刃，就像人生和风险。

4 保险命案

警官骆风和陆彤是第一批到达火灾现场的警察。位于芍药园小区东南角的这幢三层独栋别墅已烧得面目全非。

二楼书房的皮躺椅上半躺一具烧焦的尸体。皮躺椅已经烧得只剩下钢铁骨架、弹簧和身体下压着的硬质填充物。很明显，在火烧到这间屋子时，死者已经失去了意识，或者没有逃离火场的意向。

女警官陆彤拍照，骆风则像警犬一样在整个别墅里四处搜寻，寻找任何有价值的蛛丝马迹。然而火的燃烧和火警高压水枪的喷淋已经使现场遭到了严重破坏，很难找到有价值的线索。

陆彤的镜头对准了死者书桌上的一台多功能唱机，唱机的外表也已

烧焦。陆彤戴上手套，从挎包中取出一把小钢钳，从唱机的硬盖边上插入并用力一翘。“嗒”的一声轻响，唱机的硬盖掉落，一张CD唱盘显露出来。唱盘毫无损伤，在陆彤的闪光灯下散发着耀眼的蓝色光芒。拍完照后，陆彤用镊子小心地取出CD唱盘，套上专用的塑料袋后放入物证袋中。

骆风从别墅的第三层沿着破损的楼梯走下来，仔细察看躺椅上的尸体。陆彤也仔细看了看，然后把脸扭开，同时强忍住喉头的涌动，长长地出了一口气。陆彤毕业后从事刑侦工作的时间不长，对这样的惨相仍有些不太适应，好在一会儿会有法医来专门验看尸体。

骆风则丝毫不在乎，笑了笑，坏坏地问道：“昨天晚上在警队对面的餐厅吃的可好？”

昨晚警队聚餐，吃的是烧烤。陆彤再也忍不住，冲进旁边的卫生间狂吐不止。

骆风是个在任何场合都开玩笑的人，有时候会很过分。

5 两位外国专家

陆彤从火灾现场取到的那张唱盘就是现在皮尔森教授听的这张包含了《黑色的星期天》等 11 首乐曲的 CD 盘。

陆彤提取了唱盘上所有的指纹后，把唱盘放在警队宿舍的 CD 机内逐个试听盘内的所有曲子，直到听到最后一曲《黑色的星期天》。只听了一小节，陆彤便用力关掉了唱机。未等唱机停稳，陆彤即打开了 CD 机舱盖，唱盘的文字面上罗列着 11 首乐曲的曲名，最后一曲正是“Gloomy Sunday”，也就是著名的《黑色的星期天》。

当晚，陆彤和骆风交换了一下意见，骆风觉得陆彤的推理符合逻辑：死者方锦文听《黑色的星期天》时选择了纵火自杀。不过，骆风说，这只是一个逻辑推理，还有很多问题没有解决：其一，法医的鉴定结果还没有出来，所以不能断定死者就是死于火灾；其二，火警提供的信息显示，现场的起火点是在一层楼梯后的接线板上，由电路短路引起周边可燃物燃烧，如果是自杀，这种杀法可是够麻烦的，特别是不符合听着《黑色的星期天》时处于迷蒙状态的自杀；其三，死者自杀的动机是什么还不清楚。火灾现场已经找不到什么了，那就请派出所和片儿警协助调查一下死者的家庭状况和社会关系，还要请几家大的保险公司，比如大中华人寿、平安、太平洋、华新、康泰、友邦和天华人寿等保险公司等协查一下。现在和保险有关的案子是越来越多了。

一天后，大中华人寿两核中心向远在美国的皮尔森教授发出了一份邀请函："大中华人寿的销售记录显示，方锦文两年前曾在大中华人寿购买过一份保险金额 300 万元的寿险保单。目前警方觉得这个案件比较复杂，请我公司协查。限于本公司技术和人力不足，特请皮尔森教授来华相助。"

除了皮尔森教授之外，另一家寿险公司天华人寿也查到了方锦文两年前曾购买的保险金额为 300 万元的寿险保单记录。天华人寿的核赔部也向美国的业务伙伴德法保险集团发函，德法集团决定派遣专为该公司服务的著名侦探威廉•汤姆森先生来华协助处理该保险赔案。

大中华人寿和天华人寿从国外聘请专家是因为被保险人方锦文是有着四十多年海外生活经历的人，有比较复杂的美国生活背景。当然，此举的目的也不全在于这个单一案件的侦查，而是想通过借用外国专家以学习国外保险业反欺诈的经验和技术，并培养自己这方面的专才。保险公司对保险欺诈这颗毒瘤绝不能手软，必须倾其全力与之抗衡。在发达国家，保险公司雇用的私人侦探是警方之外防止和打击保险欺诈的另一股重要力量。

威廉•汤姆森曾是美国联邦调查局（FBI）的警探，有着丰富的国际案件的侦查经验。汤姆森和许多其他的同事一样，从美国联邦调查局退休后被保险公司高薪聘请，成为保险公司对付保险欺诈的骨干。

汤姆森侦探和皮尔森教授早就相识。汤姆森在电话中不无揶揄地对皮尔森说："教授先生是去讲学吗？用您的知识感化一下罪犯，罪犯就招供伏法了。"

皮尔森也不示弱，说："FBI的家伙，我们来个约定好不好，咱们去了之后独自破案，你如果先破了案，大中华人寿给我的酬劳也归你；如果我比你还强，那很遗憾，天华人寿给你的酬劳可要归我了。"

汤姆森沉吟片刻，说："教授你是不是想给点便宜让我赚，还是不要这样约定了吧！"

皮尔森反问："去年德法集团的鲁顿号国际邮轮的索赔案可曾完结？"

这捅到了汤姆森的痛处。鲁顿号国际邮轮在海上神秘失踪，德法集团作为船舶和货物的保险人已经赔付了1.2亿美元。汤姆森曾负责调查此案，但查了半年，连邮轮的影子也没找到，最后连汤姆森的两个同事也在调查中失去了踪迹。这次被派往中国，似乎也可以解读为德法集团对汤姆森工作的不满及调整。

汤姆森当然能够听出皮尔森教授问话中的讽刺意味，所以咬咬牙说："那就这么定了！"

大概因为来自不同领域，皮尔森教授和汤姆森侦探到达中国后的做法迥异。汤姆森到天华人寿报到，立即组成了一个七人侦案小组，紧锣密鼓地围绕保单开展调查。而皮尔森教授则显得很悠闲，住在了他熟悉的远离市区的落霞山庄，虽然也和保险公司与中国警方保持着电话联系，却既没有搭建什么侦案小组，也极少出去走动。

皮尔森教授仍然对传授保险知识抱有极为饱满的热情。他让沙纳和我再找几个喜欢保险的人来，他又要开班授课了。

人太好找了，能免费听国外教授免费讲保险知识，真如天上掉馅饼一般。学习班很快组成了，沙纳、师妹、谢倾城和我自然是要参加的，而且要作为主力学员，每次必到。警官陆彤接触过几个跟保险有关的案子，对保险非常感兴趣，也曾去对外经济贸易大学听课补充保险方面的知识，但总觉和实务联系太少，故此在皮尔森教授的邀请之下欣然加入，此外，谢倾城的男友方泉、方泉的同乡李筑作为旁听学员，可以根据时间随机来听。

6 皮尔森的第一课：风险与保险

已是深秋，漫山遍野的红叶点缀着这座北方城市，北京进入她一年中最美妙的秋季。

开学第一天，除了谢倾城的男朋友方泉有事儿没来外，所有学员都来了。皮尔森穿着宽大的白色太极服从容地演完一套不知从哪儿学来的陈氏太极拳，如金庸笔下的星宿老仙般接受了大家稀稀拉拉的掌声。皮尔森的保险课堂就这样开幕了。

皮尔森教授开宗明义："人的一生与风险相伴，一个娇弱的生命在母腹中就面临着各种各样的风险，每一次略有差错的细胞分裂、母亲的每一个剧烈动作、服下的每一个药片都有可能对胎儿造成严重的伤害。历经惊险的出生过程，一个人要在各种各样的风险中度过婴儿期、幼儿期、儿童期、青年期、成年早期、成年中期和老年期，每一个人生阶段都有每一个阶段的特定风险。"

"那么，什么是风险呢？"皮尔森环顾大家问道。

学员们互相望望，没有人回答，都在等待皮尔森继续说下去。

可是皮尔森好像也没有自问自答的意思。大家都知道老外上课是需要互动、需要捧场的，于是各显神通。

沙纳说："风险嘛，'风'就是刮风，'险'就是危险，人小时候有抽风的危险，老年时有中风的危险，所以说每一个人生阶段都有特定的风险。"

听到沙纳胡诌，大家都笑。

师妹说："风大，小心闪了舌头，有风险。感冒伤'风'是疾病风险。"

陆彤说："风险就是危险吧，干我们刑警这行的风险很大，总在跟坏蛋打交道……"看大家都在看她，忙补充道："除了现在……"

谢倾城说："'风'在汉语中有'不确定性'之意，比如'风闻'、'风言风语'，所以'风'和'险'同义，是指不确定性。"

皮尔森说："风险虽然是个大家都经常挂在嘴边的词汇，但实际上不同的人对风险的理解有时会千差万别，有人将风险和事故等同，有人认为风险就是损失，有人觉得风险是种感觉，还有人认为风险就是机遇。有时候大家谈论了半天风险才发现，每个人说的风险含义都不同。"

师妹说："不在同一语境下谈论问题有时会显得很滑稽。各说各话，话不投机。"

风险是指未来结果的变化性，当事件的结果可能不同于我们的预期，那么风险就存在了。

皮尔森继续："实际上，风险有其比较科学的定义。风险是指未来结果的变化性，当我们处于这么一种状态中，即事件的结果可能不同于我们的预期，那么风险就存在了。

沙纳说："我最早从保险教科书上接触到的风险的概念是'风险即损失'，风险是带来损失的可能性，很长时间我都认为这是风险的标准概念，后来才知道它是错的。"

皮尔森点头说："起码是不全面的。风险有主观风险和客观风险之分，有自然风险和人为风险之别，还有纯粹风险和投机风险的不同。纯粹风险是只能带来损失，而不能带来收益的风险；投机风险则既可能带来损失，也可能带来收益。平时我们讲的‘风险越大，收益越大’，指的就是投机风险。而保险只保障纯粹风险，将投机风险排除在外。”

“如果有人跟保险公司说，我们设计个‘炒股保险’吧，保险公司收保费，如果投保人炒股亏了，保险公司进行赔偿，保险公司肯定会拒绝，因为股票价格变动的风险是投机风险，既有损失的可能，也有获利的可能，承保投机风险会使保险制度变成赌博工具，所以，保险公司只承保那些只能给投保人带来损失、不能带来收益的纯粹风险，投机风险则由其他的制度，如期货、期权、套期、掉期等制度来规避。而且，在保险制度中，保险公司的赔偿只能少于或等于投保人的经济损失，即所谓保险的‘补偿原则’，否则投保人就可能具备了损毁保险标的从而获得保险金收益的积极性。”

补偿原则是指保险公司的赔偿只能少于或等于投保人的经济损失。否则投保人就可能具备了损毁保险标的从而获得保险金收益的积极性。

陆彤说：“没有这个‘补偿原则’，我们当警察的是不是会很忙？”

皮尔森说：“一直忙到保险制度因为道德风险而不再存在为止。”

谢倾城问：“风险和风险事故应该不是一回事吧？”

皮尔森回答：“风险的形成有各种因素，比如汽油桶和旁边的烟头，就构成了汽油燃烧爆炸的风险因素，风险因素在必要的条件下，比如烟头和汽油的直接接触，就会引发风险事故，风险事故就会造成风险损失。这是一个链条：风险因素——风险事故——风险损失。”

李筑说：“这回对什么是风险才弄明白了些，敢情这里面还有这么多学问呢。”

李筑是个长得很高大的男孩，但很清瘦，穿着很时髦，满口京腔，戴戒指和手链，一点也不像农民工。一张古铜色的脸庞，眼睛深陷在眼窝里，隐现着一种沧桑感。李筑高中毕业，第一年高考被一个三类院校录取，他没去报到，而是继续复习，但第二年考得还不如第一年，第三年则更差。丧失了信心的李筑就跟随方泉一起来北京城里打工。

皮尔森特别强调：“不论是哪一种风险，都是需要管理的，管理风险和管理我们的财富一样重要，因为无论一个人积累的财富有多么丰富，一旦有大的风险事故发生，比如一场火灾或者一次车祸，所有的财富都可能毁于一旦或转手他人。当然，保险只是众多风险管理的手段之一，而且只能转嫁一部分经济上的损失。消除风险因素，未雨绸缪、防患于未然，预防事故发生，事故发生后为减少损失的及时施救都属于风险管理的内容。”

沙纳问：“教授，人生的不同阶段，应该着重去买哪一类保险才比较合适呢？对这个问题大家说法差别很大，连我自己都觉得无所适从，就更不用说对保险知识了解不多的投保人了。”

皮尔森一笑道：“这才是我们今天讨论的正题。不同的人生阶段应该买什么样的保险呢？让我们从一个生命开始孕育说起吧。”

“胎儿期到儿童期的风险管理属于父母的责任。除了要防范事故的发生之外，保险也是一个重要的风险管理手段。”

“但一般而言，无论其他国家还是中国，孕妇购买普通商业保险都会受到一定的限制，因为妊娠期的女性发生风险事故的概率要远高于普通人。在医学上，妊娠期被划分为三个阶段，妊娠 12 周以前为孕早期，妊娠 13—27 周为孕中期，28 周之后为孕晚期。在孕早期和中期，普通寿险、普通年金险和普通意外险尚可承保，普通的医疗险、重大疾病保险都不能承保。到了孕晚期，就基本上不能买普通人身险。”

师妹问：“这样会不会导致风险比较集中的孕期反而缺乏保险的保障呢？”

皮尔森说：“这就涉及了一个买保险的技巧。为了获得孕期的保障，普通的人身保险要早买，比如在计划孕育小宝宝的 2—6 个月之前就买一份覆盖整个孕期的保险。”

师妹问：“为什么要提前这么长时间呢？”

皮尔森回答：“提前一点购买普通寿险和意外伤害保险是因为从怀

孕到知道怀孕至少要 1 个月的时间，而一些保险公司的普通寿险条款规定孕期是不能购买的，即使买了，保险公司在理赔的时候也可能会拒绝给付保险金。买普通健康险需要提前的时间要更长一些。因为保险公司为防止被保险人带病投保，健康险一般设有观察期，也就是要在保险合同签订的 60—180 天后才能生效，在观察期之内发生的保险事故，保险公司是绝对不会支付保险金的。如果买保险的时机恰当，投保人就可以以普通人身保险的保费获得孕期的风险保障了。”

师妹再问：“难道没有专门保障孕妇和胎儿的保险吗，也许专门设计的保险产品会更适合她们的需要。”

皮尔森说：“当然有，很多寿险公司都销售专门为孕妇和新生儿设计的保单。”

沙纳不失时机地为自己的公司做了个小广告：“比如我们大中华人寿就有一款专门为孕妇和即将出生的婴儿设计的母婴安康保险。凡身体健康、怀孕 28 周的孕妇，可作为被保险人；被保险人怀孕 28 周以后的胎儿为连带被保险人；在合同的有效期内，被保险人在保险公司认可的公立医院内分娩或治疗，因妊娠并发症或分娩过程中发生医疗意外导致残疾，保险公司公司按保险合同约定给付保险金。”

李筑问：“这样的保险贵吗？”

沙纳回答：“比较便宜，我们的母婴安康保险的费率约为 2‰，也就是说买 10 份保单，交 450 块钱的保险费对应着 20 万元保险金额的孕妇险和 2 万元的宝宝险。”

皮尔森强调：“会有很多保险公司在卖母婴保险，投保人可以到保险公司的网站上或电话咨询，但买任何保险都要先弄清保险单中规定的保险责任和除外责任。比如，有的保单规定若婴儿患先天性疾病，保险公司给付保险金，而另一些保单则把婴儿患先天性疾病的责任排除在外，即使两个公司的保单都保先天性疾病，所保的病种在数量和种类上也可

寿险是指以被保险人死亡为给付条件的保险，有定期寿险和终身寿险之分。定期寿险的保险责任被限定在一定期限内，比如在被保险人在 40—50 岁之间，被保险人死亡，保险公司支付约定的保险金。终身寿险是自保险期限开始之后，无论被保险人何时死亡，保险公司都支付保险金的保险。因为人总是要死亡的，所以终身寿险的保险金必然要支付，只是支付的时间不能确定而已。

因为保险公司为防止被保险人带病投保，健康险一般设有观察期，也就是要在保险合同签订的 60—180 天后才能生效，在观察期之内发生的保险事故，保险公司是绝对不会支付保险金的。

"应该是的。保险的目的，特别是人身保险的目的就是为收入流的中断准备一个'备份'，从而使个人和家庭的生活能够持续下去。当然，针对孩子的意外伤害保险和重疾保险也可以考虑，因为这两种保险可以在孩子一旦发生意外伤害或生重病的情况下从保险公司拿到疗伤或治病的保险金，从而避免陷入没有经济能力而延误医治的困境。不过，购买这两种保险也是要因人而异、因产品而异的。"皮尔森话锋一转问沙纳："沙纳，中国的保险业对重疾险是不是有一个统一的规范？"

重疾险是指被保险人在保险期间内发生保险合同约定的疾病、达到约定的疾病状态或实施了约定的手术时，给付保险金的健康保险产品。重疾险的根本目的是为病情严重、花费巨大的疾病治疗提供经济支持。

沙纳说："是的，重疾险曾经一度很混乱。按照 2007 年中国保险行业协会和中国医师协会共同制定的《重大疾病保险的疾病定义》和《重大疾病保险的疾病定义使用规范》。但那是针对十八周岁以上成人的，要求保险公司的重疾险产品必须保障恶性肿瘤等 6 种疾病，并对 25 种主要重大疾病进行了解释。"

皮尔森说："那也就是说对孩子的重疾险还没有统一规范。"

沙纳说："是的。"

皮尔森沉思了一会儿问："那中国的社会保险有没有包括孩子？"

沙纳说："只有少数城市为孩子提供了社会医疗保险，比如北京市就把孩子和老人划入了社会医疗保险的范围，而且保障范围和保障水平还比较高。"

皮尔森说："对啦，买保险，时刻别忘了考虑被保险人是否有了社会保障。如果北京市一老一少的医疗保险就已经有比较高的保障水平了，买商业保险时要把社会保障已经提供的部分扣除。至于教育金保险，则要算一笔账了，教育金保险是典型的储蓄性险种，此类险种可以分成储蓄部分和保障部分两块儿，保障的部分意义不大，还是因为孩子一般不会是家庭的主要收入来源。储蓄回报部分需要和银行储蓄利率或者自己的投资回报率进行比较，如果合算，就买教育金保险，如果不合算，就买意外伤害保险，同时将储蓄部分投资出去，以备孩子未来各个阶段的教育之需，可以买基金、买股票、买国债，也可以到银行零存整取。”

沙纳说：“很多中国的家长愿意花费很高的保费为孩子买教育金保险，即使是在保险产品的预定利率低于同期存款利率的情况下也是如此。中国人爱孩子的方式和美国有很大的不同。”

皮尔森说：“可以理解。不过需要注意的是，即使买教育金保险，也最好购买具有保费豁免条款的教育金保险，一旦家长作为投保人因意外伤害或疾病去世，孩子的教育金保险就不需要再缴纳保险费了，只等年龄或其他条件达到领取教育金的要求，按时领取就可以了。”

7 皮尔森的第二课：九段人生

稍事休息。皮尔森的课继续进行。

皮尔森说：“按照保险需求的不同，人的一生可以划分为九段。”

师妹的围棋水平已经达到了业余五段，听教授提到了九段，好像遇到了知音，兴奋地问：“教授喜欢下围棋？”

皮尔森一笑：“九段的划分只是巧合而已，不过人生风险的管理和下围棋有着很多相似之处，都变幻莫测，都险象环生，既有一子失误、满盘皆输的悲剧，也有柳暗花明、起死回生的喜剧。好的结局都需要好的布局和精心筹划啊。”

谢倾城拿笔在记，一副求知若渴、迫不及待的样子。

皮尔森打开笔记本，笔记本上的小型投影装置在白色的墙面上打出了一幅图形：

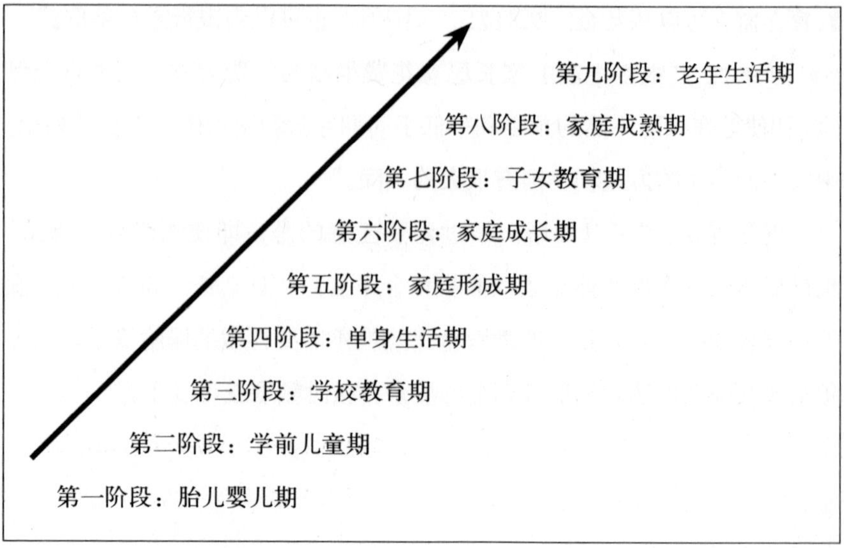

皮尔森说：“如果人生就按这个图分为九段，请你们各找出五个词来分别描述每个阶段，好不好？”皮尔森将投影下翻了一页，一幅图片上一个豆芽状的胎儿隐藏在母腹中，神秘而安详。皮尔森用手一指说：“比如胎儿期是‘温暖、混沌、摇荡、朦胧和希望’。”

师妹觉得教授太缺乏文采，抢着说：“学前儿童期是‘妈妈、小白兔、蘑菇、大灰狼和狮子王’。”

陆彤喝了一声彩，然后说：“学校教育期是‘老师、名次、忧伤、初恋和梦想’。”

李筑迟疑了一下说：“单身生活期是‘音乐、代沟、工作、磨砺和孤独’。”

大家虽然觉得李筑的说法有些悲观，但目前都基本上都处于这个阶段，对此也很有强烈的共鸣，于是沉默。

还是沙纳率先打破沉默说：“家庭形成期是‘结婚、吵架、收入、打折和孩子’。”

大家都乐，一起望着沙纳说：“是这样啊？”

沙纳有些不好意思："这是我哥哥和一些朋友家的情况，间接经验而已。"

谢倾城嘲讽地一笑，欲言又止，却说："家庭成长期是'股市、房子、轿车、秘书和七年之痒'，当然，也是间接经验或是对沙纳未来的推测。"

沙纳也不在乎，说："子女教育期是'择校、家长会、奔波、事业和老人'。"

大家的目光转向我，意思是让我也说说。我学着打了个官腔："啊，这个么，刚才几位领导的概括都很形象，啊，我完全赞同，我觉得大家说的都很好啊，家庭成熟期大概是子女参加工作到自己退休这段时间，所以五个词是'权力、成就、牵挂、忧虑和抗拒'。"

大家为我的官腔鼓掌，说还真像一些领导干部讲话，貌似威严却令人作呕。

皮尔森说："对老年生活期的概括自然我最有发言权，老年生活期嘛，就是'老伴、回忆、医院、调整和力不从心'。"

皮尔森把大家的概括打在电脑屏幕上。最后又打出几个字："每个人生阶段对应的保险应该是什么？"

这样的问题争论颇多，大家希望皮尔森给出一个权威些的答案，所以没有人说话，只是望着投影或皮尔森教授。皮尔森把投影向后翻了两页。投影出现一行特大号的红色体字："适合中国城市人口的人生保险规划"。皮尔森继续翻动投影，看着每一页投影上的提示性文字，开始侃侃而谈。

适合中国城市人口的人生保险规划。

"学前幼儿期的孩子是不需要多少保险的。意外伤害保险可以买，因为孩子都比较淘气。住院补贴类的医疗险也可以买点，小孩子容易生病。如果经济条件好，在相信保险公司的投资能力的情况下，还可以考虑少量的分红类教育金保险。关键的是，这个时候孩子的父母，特别是家庭的主要收入者却应该有一个保险费不高，但保障金额较大的保险，其目的在于即使父母有什么大的灾难降临，也能够给孩子的未来生活提供最基本的生活和教育保障，这对于财富积蓄不多，特别是负债较高的家庭尤为重要。”

“学校教育期的保险应主要定位于意外伤害保险，这个时期是生命力最为旺盛的人生阶段，如果没有先天和遗传的因素，也没有重大的环境隐患，比如装修污染、饮用水污染等因素，饮食营养也能保证最基本的需要，这个时期是基本不会得什么大病的。政府提供的涵盖学生的社会保险也就够了，比如大专院校的学生享受政府提供的公费医疗，比如北京等城市提供的‘一老一少’医疗保险。同时，绝大多数学校会要求在校生参加商业性的学生平安险，几十元的保费对应几十万的保险金额，这样的保障基本上也就差不多了。”

“单身生活期的保险也主要定位于意外伤害。单身生活期是指学校生活结束，参加工作至结婚这段时期，城市青年一般是在29岁到33岁，这段时间收入较低但增长速度较快，人生的第一桶金一般要在这时赚到，人生的风格和态度在此阶段基本定型。此时的个人消费主要以日常性支出为主，一般无大额开支，无家庭负担，保险保障需求非常低，一份额度适中的意外伤害保险就差不多了，理财的目标以积累组建家庭资金和创业基金为主。”

“家庭形成期是指结婚到孩子出生的时期，城市青年一般是在28岁到35岁，这期间的收入水平有所提高，已有一定的家庭财产，也有购房、装修、购车等大额支出，但此时的保险保障需求仍然比较小，夫妻两个人的意外伤害险和妻子的健康保险是比较重要的。”

“家庭成长期是指小孩出生到上小学的时期，应该是一个家庭从没有孩子之前风花雪月的浪漫过渡到有了小宝贝后柴米油盐的现实人生阶段，有快乐也有痛苦，这段时期的时间不长，且比较固定，6—7年，城市人口一般是在33岁到41岁，这时的保险和子女教育期的保险大体相当。有老年人一起生活的家庭，特别是来帮助子女带孩子的老年人，子女为老人买一份数额适当的养老险或者健康险是对老人付出辛劳的最好回报。买健康险还是买养老险要根据老人的身体状况，身体状况好的人买养老险；身体状况一般的人买健康险，当然，也有公司出售健康和养老都保的组合性产品，只不过价格比较高些，此时的小家庭要根据自己的收支情况，量入为出。”

“子女教育期是指孩子开始读小学到大学或研究生毕业这段时间，约15—20年时间，城市人口一般是在40岁到55岁这个阶段。这个阶段，个人收入稳定增长，家庭财富迅速增加，子女教育、家中老人的保健医疗、购房还贷等支出是这个阶段的主要支出项目。此阶段是人的一生中保险规划最重要的阶段。保险保障以保险金额高、保险费低的险种为宜，所以，以意外伤害保险搭配高额定期寿险为主。此外还有为处于更年期的女性购买一份重疾险。养老险的需求则以45岁左右为界，45岁以前，除了企业年金之外，可以不考虑个人年金，45岁以后，则宜开始购买为未来老年生活准备的个人年金保险了。目的在于形成一个有外部压力的强制性储蓄计划，积少成多，以保障老年之后的生活质量。当然，个人年金最好是分红、投连或万能保险产品，这些新型寿险产品可以保证投保人通过投资收益，分享经济发展成果，因为是长期投资，所以收益一般会比传统的个人年金要高，同样的投入，如果可以获得更多的保障，能够在保障充足的基础上增加较高的投资回报，何乐而不为呢？”

皮尔森明显有些疲倦，端起咖啡，欲事休息，微笑着问大家：“为什么这个阶段的保险规划要以意外伤害险搭配高额定期寿险为主呢？”

师妹抢先回答：“因为处于家庭成长期的成年人家庭责任最重，上有老，下有小，是整个家庭中最主要的收入来源，是家庭的经济依靠，一旦有意外伤害发生，甚至因意外或疾病造成死亡，对整个家庭的打击几乎将是毁灭性的，所以这时买保险的目标是，即使有不幸事件的发生，家庭的收入流也不至于中断，特别是孩子的教育和老人的养老医疗保障不至于失去，在人生的不幸中用保险加入一些万幸，所以，意外伤害是必要的，定期寿险也是必要的。”

李筑接着说：“我明白了，比如假如我现在不在人世了，我的老母亲就没有任何依靠了，因此我需要一份意外伤害保险或定期寿险，一旦出事，保险公司给的钱应该够我母亲有生之年的花费。”

谢倾城说：“我补充一下，我觉得之所以买定期寿险，是因为投保人可以用一个自由掌握的确定期限把家人最需要被保险人经济保障的这段时间涵盖上。超出这个时期，保险的意义也就不大了。比如就李筑家的情况，李筑买的定期寿险的保障期限最好能控制在老太太的有生之年内，如果老太太也不在了，那保险金给谁呢？”

李筑扭头瞪了谢倾城一眼，张了张嘴，没说什么。

“不买终身寿险的另一个原因是它太贵，而同样保险金额的定期寿险的保费也就是终身寿险的N分之一。”沙纳随手从包中掏出了一个计算器，哒哒哒按了半天说：“比如30岁的人购买20年定期寿险，所需缴纳的保险费仅为其购买终身寿险所交保费的14.73%。如果是10年定期则仅为终身寿险保费的6.19%；如果是5年期定期寿险，则仅为终身寿险保费的2.97%，当然便宜了。”沙纳继续补充：“更夸张、更清晰的例子是将投保人的年龄放小，比如26岁的人购买定期10年、10年缴费、保险金额1万元的定期寿险所需缴纳的保险费是每年16元，而10年缴费、保险金额1万元的终身寿险年缴保费是每年651元。两者相差41倍。”

李筑好奇地问：“为什么定期寿险要比终身寿险便宜那么多呢？为什么意外伤害保险也便宜呢？”

陆彤说：“我觉得是因为终身寿险像储蓄，因为人总是要死的，终身寿险的保险金是一定会支付给受益人的；而定期寿险则更多地体现互助性，大家都交点保险费，只是很少的、在保险期间内死亡的被保险人

定期寿险又称“定期死亡保险”或“定期人寿保险”，是指在合同约定的期限内，被保险人发生死亡事故，保险人依照保险合同的规定给付保险金的保险。如果被保险人在保险期届满时仍然生存，保险合同即行终止，保险人无给付义务，也不退还保险费。

定期寿险的期限可以是1年、5年、10年、20年、至65岁、至70岁等。

的受益人才能拿到保险金，过了保险期间，仍然活着的被保险人则什么也拿不到，保险公司支出的总的保险金当然少多了，收的保险费自然也要便宜；意外伤害保险也是如此，只有少数发生保险合同约定的意外事故的时候，保险公司才需要支付保险金。当‘千家万户保一家’的时候，‘千家’只需要拿一点点钱，就够‘一家’用的了。”

定期寿险要比终身寿险便宜很多。

李筑说：“是这么个理儿，要是全国 13 亿人每人给我 1 分钱，我一下子就有了 1300 万啊。我就常常这么想，大伙为什么就不能每人给我 1 分钱呢？就 1 分钱！”

大家觉得好笑，尤其李筑一本正经的样子更令人忍俊不禁。

师妹说：“不是大伙儿舍不得那 1 分钱，而是你收这 1 分钱的成本太高，从宣传到收取再集中到你的账户，估计成本至少得 1 毛钱，这个过程你不但得不到 1300 万，还有可能亏损 1 个亿。”

李筑呆住，半天没回过神来。

皮尔森教授继续翻动投影，屏幕进入了“家庭成熟期”。教授说：“家庭成熟期是孩子读完大学或研究生之后，逐渐开始走向独立生活的家庭阶段，而父母呢则逐渐退休，这个阶段 10—15 年左右，一般是 48 岁到 60 岁之间，此时家庭收入稳定在较高水平。犹如一棵蒲公英，当植株成熟的时候，也是子女们乘着父母馈赠的小伞脱离父母的怀抱，飞向广阔天地的时候。父母在牵挂中期待着，子女在风雨中成长着，新陈代谢的自然法则既冷酷又温情。这时家庭的保险需求主要体现在家长的养老险、健康险、大人和孩子的意外险三个方面。因为很多人购买的带有投资性质的养老险已从子女教育期的后半段即 45 岁之后就开始了，如果尚无积累，那此时无论如何也该开始积累了。什么样的养老险最合适呢？答案是带有投资性质的终身生存年金。健康险也应适当购买。什么样的健康险最合适呢，主要是重疾险。此外父母还要每年拿出一百块钱左右，为那些天不怕地不怕在职场上打拼的孩子们购买一份意外伤害保险。

生存年金是指被保险人生存期间，保险人按合同约定的金额、方式、期限，有规则并且定期向被保险人给付保险金的生存保险。

“老年生活期是人生的最后阶段，是完全退休之后的这段时间。”说到这里，皮尔森的表情黯淡下来：“中国有句古话，叫做‘夕阳无限好，只是近黄昏’，这话说得精辟啊……”

大家无语，等待皮尔森教授继续说下去。

“退休以后收入流大幅下降，但医疗和保健支出却可能会大幅上升。

这时候可买的保险已经不多了，而是享受以前购买的养老和健康险保障的时候了。当然，如果以前各期还没有足够的积累，而且这时还有一定的收入，也可以继续积累养老和健康保险，直到自己觉得差不多了，应该坐下来享受的时候。”

“老年生活期的保险还有一点需要特别提到，在很多发达国家，国家税务部门会对遗产征税，但不对寿险公司支付的保险金课税。一些人因此会通过购买高额的寿险的方式合法避税，或将财富以死亡保险金的形式转移给被保险人指定的受益人。”

皮尔森长长地出了一口气说：“让我们回到老华侨方锦文的案件中来。我的感觉是，想要揭开案件的谜底，必须从方锦文的两张大额寿险保单开始。我的疑问是，在中国并不征收遗产税，方锦文为什么要去买保险金额总计为600万元人民币的寿险呢，而这两张大额保单是否是方锦文家那场大火的导火索呢？”

第2章

保险的正面、反面和误区

保险知识点

1. 寿险与生存和死亡
2. 保险中的道德风险
3. 保险中的逆向选择
4. 保险的正面效应
5. 保险的负面效应
6. 保险负面效应的预防
7. 健康保险的理论与实务

1 威廉·汤姆森

陆彤回到警局，骆风正在等她。

骆风说技术人员已经初步认定，芍药园小区方锦文家火灾的起火点就是一层楼梯后的接线板，属于电线短路，但因接线板已彻底烧毁，无法得出是人为制造短路还是设备老化或瑕疵导致短路的结论。而法医鉴定结果则清晰明了，方锦文并不是死于火灾，而是在起火之前已经死去，死者的头部曾遭受猛烈碰撞。碰撞有两种可能，一种可能是死者用硬物自击头部或以头撞击柱石等硬物，另一种更大的可能就是他杀。法医倾向于后者，因为现场没有找到自杀的物证。派出所和片儿警协助调查死者的家庭状况和社会关系的工作进展比较顺利，并已简明扼要地记录在卷宗里面。

骆风将整理好的卷宗递给陆彤，陆彤用双手略微梳理了一下有些零落的秀发，坐到办公桌前翻阅：

方锦文，1940 年出生于美国加州，祖籍安徽。自 2004 年开始每年有 8 个月左右的时间居住在北京朝阳区芍药园小区。

方韵，方锦文长女，美籍，美国绿野文化传播有限公司中国办事处首席代表。冈田志郎，方韵前夫，日裔美籍，长岛大田株式会社董事。方麒麟，方韵和冈田志郎的儿子，美国俄亥俄州立大学在读。

方弈，方锦文次女，美籍，画家。

方楷，方锦文之子，在美国加州唐人街经营一家中等规模的中餐厅。

骆风说据了解方家是一个颇具传奇色彩的家族。方锦文的父亲方阳溪曾是国民党军中的一名抗日爱国将领，任少将师长，1938年春天在一次日军飞机的轰炸中，不幸颈椎受伤，后被送往美国医治，在美养病期间与著名爱国华侨李秉钧的女儿李兰竹相爱并结婚。1940年，方阳溪携已有身孕的李兰竹回到中国。1941年，也就是方锦文出生后不到一年，方阳溪在那场著名的第二次长沙会战战役中以身殉国。

父亲牺牲后，方锦文随母亲回到美国，在母亲的精心抚育下读完大学并在索思比拍卖行工作，从一个普通的工作人员逐级升任到执行董事和副总裁。1986年，46岁的方锦文在父亲家乡政府招商引资办公室的邀请下，终于带着少年时就有的梦想来到中国大陆探亲。地方政府对方锦文的探亲非常重视，重新修葺了方阳溪将军的陵墓和故居，并以最热情、周到的礼仪接待了他。

方氏家族虽然是个大户，但因方阳溪是三代单传，方锦文在中国并没有血缘特别近的亲属。但每一个方氏族人对他都是那么的亲热，老人们给他讲方阳溪小时候和抗战中的故事，同辈的排队邀请他来家中吃饭，一大群孩子则整日众星捧月般围拢着他。方锦文被浓浓的乡情和亲情所感动，抛却了繁忙的事务，在家乡盘桓了近两个月，临走时出资在家乡建了一所现代化的希望小学。后来，方锦文每隔几年就会来一趟中国，在他遇害前，已经在家乡县域内修建了四所希望小学和两所中学，并一直在出资支持学校的运营，为贫困家庭的孩子代缴学费。

方家的故事令人油然而生一股敬意。陆彤听完骆风的讲述紧紧咬着嘴唇，沉吟半晌，说："我们一定要查明案情，以慰方老先生的在天之灵。"

"誓破此案！"骆风握拳说，"另外，天华保险公司从国外请来的侦探威廉•汤姆森先生和他的翻译想见见我们，你看什么时间合适呢？"

陆彤说："何不请他们现在就来呢，我还真想见识见识外国侦探什么模样，我从小就对福尔摩斯崇拜得五体投地。"

威廉•汤姆森的派头好大，着黑色风衣，手握烟斗，脸型瘦削，额头突出，眼窝深陷，表情刚毅，一双眸子如鹰隼般犀利。

在警局的会议室里，双方交换了一下自己所掌握的信息。陆彤的感觉是威廉•汤姆森有些盛气凌人，这位大侦探先是抱怨中国警方破案的速度太慢，没有及时与他沟通信息，然后要求中国警方提供最大可能的协助，最后希望警方赋予他抓捕犯罪嫌疑人的权力。

骆风没有说什么，陆彤则不亢不卑，先对威廉•汤姆森协助警方破案表达了诚挚的谢意，表示会与保险公司的调查组紧密配合，但婉拒了威廉•汤姆森关于赋予他抓捕犯罪嫌疑人的权力的要求，理由是在中国，刑侦案件中只有警方才有拘捕犯罪嫌疑人的权力。

威廉•汤姆森有些急躁，说："如果我们已经掌握了足够的证据，犯罪嫌疑人却即将从我们的眼皮底下逃脱，你们又不在场，难道我们就这样看着他溜掉吗？"

骆风将一张写有自己电话号码的纸片递给威廉•汤姆森，说："有紧急情况，请打这个电话，我们会在最短的时间内赶到。"

威廉•汤姆森不信任地耸肩摇头。嘴里嘟哝着："'最短的时间'是多少呢？"不过，他显然还是接受了骆风的安排，小心地把纸片放入衣袋中的小盒子里了。

威廉•汤姆森走后，骆风与陆彤相视无语，却都不约而同地感到了一股更大的压力。

2 保险消费的15大误区

皮尔森教授的课在继续进行。第二次来听课的依旧是第一次课上的那些人，一个不多也一个不少，李筑到场，方泉还是因为太忙没有来。

皮尔森的电脑屏幕上打出的是并列的两幅地图，一幅是中国地图，一幅是北京市地图。把单幅地图放大，可以看到，与其他地图不一样的是这两幅地图上用小红旗着力标出了全国保险公司分布和北京市各大保险公司的网点分布。

陆彤开玩笑说："这要是在过去，一个外国人有这样一幅地图是会被当成特务驱逐出境的。"

密密麻麻的网点标志着保险公司已经深入到社会的每一个角落。皮尔森说："大家都看到了，保险已经遍地开花了，在现代社会，已经没有人可以和保险毫无关系，而且这种趋势实在是势不可挡。"

皮尔森问："在座的各位都拥有什么样的保单呢，谁的保险最多？"

沙纳是保险公司的白领，自然他的保单会最多，所以大家的目光都移向沙纳。

沙纳一笑："其实我的保单就两个，一个是意外伤害保险，一个是车险。到现在为止，还没有人靠我活着，我爸爸妈妈的收入足够他们用的了。所以我的保险相对简单。"

这倒出乎大家的预料。

剩下的几位互相望望。师妹说："我们在校生买商业保险的实在不多，好像除了入学时学校统一要求大家购买的学生平安险之外，就没有什么了。"

李筑说："我在建筑工地打工时买过一份意外伤害保险，当时除了我没有人愿意买。实际上我觉得建筑工人的风险非常大，实在是需要买一份意外伤害保险保单。我认识一位工友，他也是一爱打抱不平的人，有一次在摊上吃饭，看到一男的打一女的，打的还特狠，没人敢管，他看不过眼，上去拉架，一下就让那男的用啤酒瓶给打懵了，脑震荡，在医院里住了三个月了，弄得倾家荡产的。《北京晚报》的记者来采访，原打算帮助他报个见义勇为什么的，从政府那里拿点住院补贴，可问题是连他自己都不知道那两个人为什么打架，人家要是两口子吵架，你上去掺和那算怎么回事啊？让大家捐款吧，也没道理，谁知道你不是打群架伤的啊，连个见证人都没有。可要是有保险就不一样了，他意外受伤，

带新娘去非洲度蜜月，新娘却在宾馆被毒蛇咬死了。新郎回到日本后以新娘的死亡向保险公司索赔并获得了巨额的保险金。保险公司觉得事有蹊跷，暗中派公司的侦探到非洲去调查，结果发现咬死新娘的毒蛇并不是非洲当地的物种，而是日本本土的蛇类，是被新郎藏在旅行箱的夹层中带到非洲，在新娘劳累休息时放出来杀死新娘的。”

沙纳补充：“这样的例子在中国和其他国家也不少，有男子和情妇合谋为骗取保险金杀害父母妻儿的，也有儿子为骗取保险金杀害亲生母亲的，更离奇的是在四川还有一个十岁多的小男孩为获得几万块钱的保险金毒死了自己的父母。而几年前的大连空难官方的调查结果是一个患了绝症的乘客为了骗取一百多万的航意险保险金引燃了客机，导致一百多人葬身海底。”

李筑说：“现在闹得沸沸扬扬的老华侨被害案听说也是保险惹的祸。”

皮尔森说：“保险欺诈导致人生命、身体和社会财富的损失仅是保险的负面效应之一，此外，保险虽然是分散风险的，但分散的前提却是风险的积聚。积聚起来的风险如果处理不好，比如寿险公司偿付能力不足，在需要支付保险金的时候没有钱，就可能引起严重的社会问题。”

保险欺诈导致人生命、身体和社会财富的损失仅是保险的负面效应之一。

保险虽然是分散风险的，但分散的前提却是风险的积聚。积聚起来的风险如果处理不好，比如寿险公司偿付能力不足，在需要支付保险金的时候没有钱，就可能引起严重的社会问题。

沙纳说：“好在我们国家的《保险法》规定，经营有人寿保险业务的保险公司被依法撤销的或者被依法宣告破产的，其持有的人寿保险合同及准备金，必须转移给其他经营有人寿保险业务的保险公司；不能同其他保险公司达成转让协议的，由保险监督管理机构指定经营有人寿保险业务的保险公司接受。 这样可以降低保险公司破产对社会的冲击。现在保监会还成立了人身保险和财产保险的保险保障基金，也就是保险公司交钱形成基金，若有保险公司要倒闭了，基金会出手保障投保人的利益。”

皮尔森说：“其实，其他国家也这样，比如日本 1999 年到 2002 年期间接连有七家寿险公司倒闭，最后是日本的大藏省接的盘。寿险公司的倒闭形成了多米诺骨牌效应，会使金融危机雪上加霜。”

师妹说：“看来买寿险还是比较安全的。一旦保险公司不行了，还有其他保险公司或政府顶着。”

“的确是比较安全的，但我们在买保险的时候还是要注意，一定要选偿付能力比较好的公司，因为一旦寿险公司财务危机形成连锁反应，国家财政也只能保障投保人的部分权益。比如大藏省最后只保证了投保人 70% 的权益，达不到 100%。” 皮尔森问，“保险的负面效应还有什么呢？”

谢倾城说：“好像有了保险，人们会有意无意地忽视对保险标的的看护，从而增大事故和损失发生的几率。”

“是这样。对有些险种，特别是医疗保险来说，如果有了保险，医生愿意多开药，患者也会不太在乎花销，这样会造成医疗资源的浪费，更严重的是不必要的检查和用药可能会对患者的身体带来所谓的‘医源性损害’。”皮尔森说，“这是每一个被保险人都应该认识到的，并在现实中尽量避免损害的发生。”

师妹开玩笑说：“有了医疗保险以后再感冒，假如医生给我开四天的药，我吃三天就不再吃了……”

皮尔森补充道：“强调保险的负面效应绝不是要排斥或远离保险，而是说保险的负面效应应该为人们所了解，从而更好地趋利避害。利用它好的方面，防止它的负面效应。比如，对于以自己为被保险人且以死亡为给付条件的保险就要特别注意，保额大小要适当，并设定好受益人。中国的保险法规定，受益人不论是投保人指定，还是被保险人指定，最终都是要由被保险人认可才行的。将受益人指定为某个人或某几个人的好处是避免保险金支付时的纠纷；指定为‘法定受益人’的好处是将保险金作为遗产由遗产继承人分享，所有的遗产继承人都有份。”

人们应该了解保险的负面效应，更好地趋利避害，而不是排斥保险。

沙纳想了想说：“我讲一个故事吧，这个故事虽然不是直接说保险的负面效应的，但却能说明怎么做才能使保险对自己有利。”

“好啊。”大家异口同声。

“陈世美和秦香莲是大学同学，两个人在大学一年级时就确立了恋爱关系，大学毕业后两个人结婚生子，陈世美是一家大企业的白领，秦香莲是一所中学的老师，日子过得非常美满。他们在一个保险公司的朋友的撺掇下买了两份人身保险。为了表示我中有你、你中有我，一张保单的投保人和受益人是陈世美，被保险人则是秦香莲，另一张保单的投保人和受益人是秦香莲，被保险人则是陈世美。为了照顾孩子，秦香莲辞去工作在家做了全职太太。后来陈世美被董事长的女儿看中，为攀高枝，毅然抛弃了秦香莲母子。”

“离婚后，秦香莲母子日子过得非常艰难，多亏秦香莲年迈的父母资助。情感上的打击使秦香莲精神恍惚，不幸发生了车祸并当场死亡。”

“你们觉得保险公司应该把秦香莲保单的保险金支付给谁呢？”

李筑说：“自然是秦香莲的孩子和她的父母了。”

谢倾城说：“我觉得是给陈世美，因为他是受益人嘛。情不能代替法。”

沙纳说：“聪明！虽然陈世美不缺这几十万块钱，但他还是欣然笑纳了，一点也没给老人和孩子。秦香莲的妈妈为此几乎气死了。”

大家面面相觑。

沙纳说：“实际上，对秦香莲来说，很容易就可以避免这样的情况发生。只需要在和陈世美离婚时让保险公司将受益人改为自己或者自己的亲人就行了。”

皮尔森颔首：“在保险上，趋利避害非常非常重要，但很少有人注意到这一点，一旦‘害’已经发生，一切都已经来不及了。”

在保险上，趋利避害非常非常重要，但很少有人注意到这一点，一旦‘害’已经发生，一切都已经来不及了。

第二个误区：

错：买保险越早越划算。

注意：早买保险可以早些获得保险保障，但并非早买保险就划算。

早买保险可以早些获得保险保障，但并非早买保险就划算。

皮尔森说：“有人认为，保险要早买，越早买越划算，大家觉得对吗？”

沙纳点头：“是啊，早一天买保险，早一天获得保障。关键是早买保险的费率便宜啊。从保险公司的费率表就能看出来，同样的保险期限，同样的保险金额，一般是年龄越低，每期缴费越少。”沙纳从自己的文件夹里取出一张纸，晃了晃继续说，“比如这张定期寿险保险单，18 岁的人缴费，年缴 564 元，44 岁的人缴费，年缴 916 元，差距是相当大的。

看上去自然就是越早买保险越划算。而且，有些保险是有年龄限制的，比如很多保险对被保险人年龄限制在60岁以内，超出这个年龄就不能再买了。为了获得保障还必须得早买。”

皮尔森说：“你的话对了一半，对的部分是早买保险早获得保障，而且超过规定的年龄，很多保险就买不到了。但说早买保险划算是不对的，大家认为年龄大费率高，不划算，实际上，是一个表面现象。保险公司向每一个投保人收取的保险费都是和他面临的风险相对应的，每一个年龄的费率都是精算师按照生命表计算出来的，年龄小的人死亡率低，赔付率自然就低，同时，他缴存的保险在保险公司的账户上待的时间长，保险公司利用这些保费可以投资赚更多的钱，投保人缴的钱自然也看起来少了些。中国有句古话叫什么来着？”

谢倾城回答：“羊毛出在羊身上。”

从精算的角度考虑，每个人缴纳的保险费都和他发生保险事故的概率和造成的损失相对应。

“对，羊毛出在羊身上，保险公司并不创造财富，它所有的钱都来自投保人缴来的保费和这些保费投资出去赚回来的钱。从精算的角度考虑，每个人缴纳的保险费都和他发生保险事故的概率和造成的损失相对应。”皮尔森顿了一下：“为了弄清这个问题，我们有必要把保险公司制定费率的过程简单说一下。首先看看保险公司是怎么过日子的，沙纳你说说保险公司的收和支。”

沙纳说“保险公司的收入有两大块儿，一块儿是投保人买保险缴来的保险费，一块儿是保险公司将保险费投资出去赚来的钱。”

皮尔森补充说：“还有保险公司成立时股东注入的资本金，保险公司自有的动产和不动产的增值，保险公司上市发行股票或者发行债券融来的资本，等等，比如你们大中华人寿在海外上市就获得大量的资本，已经是全球市值最大的保险公司之一了，实力雄厚，1万个亿啊！那么，保险公司的钱又是怎么用出去的呢？”

沙纳说：“保险公司的存在是以收支平衡为条件的。保险公司从投保人这里收取的保险费包括两个部分，一块是纯保险费，一块是附加保费。纯保费就是对应预期损失的部分。理论上，纯保费正好能够弥补保险事故发生所造成的损失，它取之于投保人，用之于受益人，保险公司所收取的纯保费将全部支付给发生保险事故的被保险人的受益人。附加保费则对应的是保险公司的运营成本，保险公司也要运营，要‘人吃马喂’，要盖高楼、打广告、打官司、交电费等；还要‘养家糊口’，让保险公司的股东和雇员都获得必要的回报；此外，保险公司还要按章纳税，这些都属于运营成本。”

纯保费就是对应预期损失的部分。理论上，纯保费正好能够弥补保险事故发生所造成的损失，它取之于投保人，用之于受益人，保险公司所收取的纯保费将全部支付给发生保险事故的被保险人的受益人。

附加保费则对应的是保险公司的营运成本。

师妹说：“拖家带口的，也不容易啊。”

皮尔森说：“保险公司的费率是怎么制定出来的呢？其实原理很简单，是先按照保险标的发生保险事故的概率推测出未来的损失。在人身保险中，就是用保险公司积累的过去的数据推测被保险人未来发生意外事故、生病和死亡的概率，然后根据事先确定的保险金额和赔付标准预测未来的损失，即保险公司未来将支付出去的保险金，这样就得出了保险公司应该向投保人收取的纯保险费，纯保险费加上保险公司需要支出的附加费用，应该向投保人收取的总的保险费也就计算出来了。当然了，因为保险公司收取保险费和支出保险金之间有一个时间差，利用这个时间差用保险费去投资也是能够赚到钱的，所以保险公司要为投保人考虑到保险费的时间价值，并按照事先确定好的利率水平，也就是预定利率进行复利累积，返还给投保人，现实中是将按预定利率计算出来的利息从总保险费中扣除，投保人交的总的保险费也就相应减少了。”

李筑皱着眉说：“还是有点难以理解，请您举个例子吧。”

皮尔森说：“比如，保险公司专门为我们 7 个人设计了一个 20 年定期死亡保险的保单，保险金额是 20 万元。也就是说，在 20 年之内，我们当中的任何一个人死去了，保险公司就支付给这个人事先指定的受益人 20 万元。那保险公司怎么向我们收费呢？它首先得预测未来 20 年内生命表，又称死亡表(Mortality Table)和寿命表，是反映一个国家或一个区域人口生存死亡规律的调查统计表，是计算人身保险的保险费、责任准备金、退保金的主要依据。

我们7个人中会有几个人死亡，这很简单，因为查一下生命表就可以了。我们每个人的年龄都不同，生命表会按年龄告诉保险公司我们每个人在20年内的死亡概率，保险公司将每个人的死亡概率乘以死亡后保险公司的损失——20万元的保险金，然后加总，得出来保险公司的总损失。这个数目恰好是保险公司向我们收取的总的纯保险费，我们每个人交多少呢？当然是每个人自己的死亡概率乘以20万元了，再均摊一下保险公司为做这件事花费的成本。你们年轻人缴的少，因为死亡概率低，我缴的要多，我的死亡概率高，老啦。你们说，你们缴费少，难道赚到了我的便宜？我缴费多，难道我是吃亏了吗？"

谢倾城说："自然没有，您拿到保险金的概率比我们大得多了。"

"我们看到，保险公司精算时还要考虑两个因素，一个是利率，因为保险公司收到大家缴来的保险费到支付保险金是有一个时间差的，保险公司能够通过资金运用赚钱，赚的钱保险公司要按着一个事先设定好的利率返回给我们一部分，这样每个人实缴的保险费就会少一些。另一个因素是附加费用，保险公司卖给我们保单也是要赚钱的，要有利润，同时保险公司还要有运营成本，还要缴税。保险公司要把附加费用也算出来，按照一定的规则分摊到大家头上。" 皮尔森继续问，"现在，大家还觉得越早买保险越划算吗？"

师妹说："也是啊，我们二十几岁的年纪，20年之内死亡的概率非常低，而教授年龄很大了，在20年内死亡的概率非常高，这样的保险对我们来说意义不大，而对教授来说却很有意义，好像又是岁数越大、越晚买保险越划算。"

"这么说也是错误的，因为我缴的保险费比你们高多了啊。"皮尔森说，"总而言之，从保险精算的角度而言，早买和晚买没有什么划算和不划算之说，每个人缴的保费都是和他面临的风险相对应的，早买保险的唯一好处是早点获得了保险保障，早有了一个隐形的降落伞。但以前我们说过了，家庭和个人的资源是有限的，究竟买不买某种保险，是要根据我们以前讲的生命阶段来确定，同时还要考虑到与家庭结构、收入水平、风险状态、理财规划的匹配，以及是否拥有社会保险等其他保障等诸多因素。”

> **第三个误区：**
>
> **错：两全保险比单纯的生存和死亡保险划算。**
>
> **注意：买保险关注的不是划算不划算，而是合适不合适。**

买保险关注的不是划算不划算，而是合适不合适。

皮尔森拿出三个文件说：“我这里有三张保险单。有的保险保死亡，比如这一张是保险金额为 10 万元、20 年定期寿险保单，就是被保险人在未来的 20 年内死亡，受益人可以从保险公司那里得到保险单约定的 10 万元的死亡保险金。有的保险保生存，比如这一张是保险金额 10 万元、20 年期纯粹生存保单，就是在被保险人活过 20 年后，受益人就可以从保险公司得到保险单约定的 10 万元的生存保险金。这第三张是保险金额为 10 万元、20 年定期两全保险保单，就是不论被保险人在 20 内生存还是死亡，受益人都可以从保险公司得到 10 万元的保险金。你们说，是不是第三张保单最划算呢？”

李筑说：“那当然了，不论生死都能拿到钱，不亏本啊。”

师妹说：“那得看三张保单的价格，看看保险费是不是一样的，才能说出哪张保单最划算。”

“价格肯定不一样，别忘了教授刚才说过的风险、保障是与保费相对应的。”沙纳笑了一笑说：“代理人经常劝投保人买两全保险，说这张保单划算，因为不论怎么着，保险公司都会给 10 万元的保险金。这么说也的确能够打动人心，符合大众不愿意吃亏的心理。但实际上，两全保险不过是一份死亡保险和一份纯粹生存保险的组合，保险公司收取的保险费也是两者的叠加，唯一的区别是组合起来卖节省了点销售成本，也许会便宜那么一点点。”

陆彤说：“看来，保险的确很复杂，如果不掌握一些最基本的保险知识，还真容易被别人忽悠了。”

沙纳说：“保险单组合的花样繁多，比如现实中，纯粹生存保险经常被保险公司定期向受益人支付保险金的年金所取代，那就更有吸引力了。人身险的上万个险种，都是由生存保险、死亡保险、健康保险和意外伤害保险组合起来的，再加上具有投资性质的分红险、投连险、万能险，就像搭积木，可以搭出无数个组合，取无数个吉祥如意的名字。如果不懂行，那真是会让人眼花缭乱的。究竟哪个组合更划算，还真不好说。”

“沙纳你这里还有一个大大的误区，因为买保险关注的不是划算不划算，而是合适不合适。”皮尔森说：“我不知道我理解的对不对，你们说的划算是指买了一件东西有便宜可赚，或者至少不吃亏。前面我们说过，在精算师那里，风险、保险保障和保险费是相对应的，成本和收益是相对应的，没有什么划算不划算。理论上，一个合格的精算师设计的每张保单都不会让其中的一部分投保人吃亏，也不会让其中的一部分投保人赚便宜。而对被保险人来说，只有合适不合适。死亡保险是为别人买的，因为一旦被保险人死亡，即使保险公司给的保险金再多，死去的人也是花不了的。比如一个上有老下有小的出租车司机，作为家庭最主要的收入来源，他买保险的目的就是为了保障自己一旦死亡之后父母和妻儿的经济安全，他买一份死亡保险就可以了；反过来如果他希望为自己老年做打算，买一份生存保险就可以了。”

“是不是像在饭店吃饭，每份菜都标着一个价格，这个价格都是按照成本加 30% 的利润算出来的。”李筑说：“我曾在饭店里打过工，客人选菜的时候关注的一般不是性价比，而是根据自己或同桌的人爱吃哪一口，以及买单人兜里钞票的多少来决定的。”

“有道理。既考虑自己又考虑别人当然最好，但问题在于家庭的资源是有限的，在一定的条件下，在一定的时期内，保别人和保自己应该只有一个是最重要的。比如，出租车司机孩子小的时候，保别人应放在第一位，等孩子长大了，经济可以独立了，保自己就变成最重要的了。”皮尔森补充说：“买保险的原则是花最少的钱获得最适合的保障，而不是去找一个有便宜可赚的产品。如果真要考虑所谓划算的话，按照著名的倍努力定理，只要按照精算公平费率收取保费，所有风险厌恶者买保险的效用都大于不买保险的效用。”

> **第四个误区：**
>
> **错：买保险是为了保险金。**
>
> **注意：买保险是为了幸福感！**

买保险是为了幸福感！

皮尔森的屏幕上出现了一行字：倍努力定理。

“倍努力，”师妹问：“是那个出活跃于17世纪的数学家 Jakob Bernoulli 吗？我见过好几个他的中文译名，有的译为倍努里、有的译作贝努利，还有的译成百努利，不过我觉得还是您的‘倍努力’最有创意，按北京话说是‘倍儿努力’。Jakob Bernoulli 是当时著名的 Bernoulli 家族最有成就的人，可能和他特别努力有关。”

皮尔森说：“倍努力是最早使用‘积分’这个术语、较早使用极坐标系的数学家。倍努力定理是说，只要保险费是按照精算公平费率收取的，所有风险厌恶者投保后的期望效用都大于不买保险的期望效用。”

谢倾城问：“什么是精算公平保费，什么是期望效用呢？”

沙纳抢着回答：“精算公平保费就是不包括附加费用的保费，是和保险公司支出的保险金相对应的保险费，也就是保险公司收取的所有保费都支付给发生保险事故的被保险人了，既不包括保险公司的营运费用，

精算公平保费就是不包括附加费用的保费，是和保险公司支出的保险金相对应的保险费，也就是保险公司收取的所有保费都支付给发生保险事故的被保险人了，既不包括保险公司的营运费用，也不含有保险公司的利润和税金。

“不知道。”为了让教授快点说下去，大家很干脆地回答。

“答案是不但有，差别还非常大……”看大家急切的样子，皮尔森还故意卖了个关子，慢悠悠地接着说：“为了说明这个问题，我先讲一个叫做丹尼尔•卡伊曼的经济学家的故事。”

师妹问：“是那个获得2002年诺贝尔经济学奖的美国心理学家丹尼尔•卡伊曼吗？”

“是的。”皮尔森说：“丹尼尔•卡伊曼具有以色列籍及美国籍的双重国籍，普林斯顿大学教授，他把心理学研究和经济学研究结合在一起，从心理学的假设出发，对人的行为尤其是不确定条件下的判断和决策行为提出了崭新的解释，并由此获得了2002年诺贝尔经济学奖。”

谢倾城说：“犹太人出大师和巨贾。”

皮尔森说：“不错，很多大名鼎鼎的科学家是犹太人。丹尼尔•卡伊曼的一个研究结论是，人们面对风险预测时，更多在意的是赢还是输，是成功还是失败，是财富的变化，而不是最终财富的多少。通常来讲，已经得到的东西又失去，同没得到某物相比，前者的痛苦要远大于后者。更通俗一点就是，风险决策后的输赢结果对人而言是不对等的，减少100元带给人的效用损失远远大于增加100元带给人的效用增加。由此得出的基本结论是：人们更在乎的是他们已经得到的东西，占有的时间越长，失去的痛苦越大。”

人们更在乎的是他们已经得到的东西，占有的时间越长，失去的痛苦越大。

师妹说：“失去了才知道它的珍贵，这种感觉叫痛苦。”

皮尔森说：“对这套理论，丹尼尔•卡伊曼在精心设计的试验研究和复杂推导之外，给出了一个著名的例证。丹尼尔•卡伊曼经常往返于以色列和美国两地，一次他从以色列首都一个酒店打的去机场，到达机场后司机要求付100元，丹尼尔•卡伊曼和他的朋友都认为太高了，不合理。结果出人意料的是司机没讨价还价，又把车开回酒店，对他们说，‘你们重新打车再去吧，看看是不是这个价！’司机的这种做法究竟是为什么呢？”

师妹说：“反正古典和新古典经济学是解释不通的，因为即使得到的车费比 100 元要少，也总比再把车开回酒店反而一分钱也得不到要好多了，既然已经是这样了，根据经济学理性人的假定，司机的理性选择是讨价还价，接受一个比 0 大、比 100 小的一个数额，但他没有这样做，而是让这次的交易‘归零’。心理学和行为经济学正在试图解释这样的问题。”

皮尔森说：“丹尼尔•卡伊曼给出的解释是，因为风险决策后的输赢结果对司机而言是不对等的，通俗地说就是失去还没有到手的车费对司机而言，痛苦并没有那么大。丹尼尔•卡伊曼在同样的场景下做了另一次试验。他换了一个司机并先预付了 90 元车费，到机场后司机说再加 10 元，丹尼尔•卡伊曼说只能给 90 元，结果呢，司机这回没有退回预付的车费，而是勉强接受了 90 元的车费。”

谢倾城说：“按自然科学的实验法则，我觉得他应该找原来的司机进行重复实验，要不就得找若干司机分成两组进行后付费和预付费的对比实验，仅根据一次实验得出的结论是不具有代表性的，因为司机的性格和当时心情、气氛等都可能影响他的选择。”

“实际上，丹尼尔•卡伊曼的很多实验都是具有可重复性的，很严谨的，这只不过是一个容易让人理解的例子而已。他的很多实验都支持‘同样的一个东西，失去时的痛苦比得到时的快乐要大得多’的结论。” 皮尔森说：“保险恰恰是投保人以少量确定的保险费支出换取约定的保险事故发生后保险人给予的大量保险金的一种风险转嫁活动，同时保险也是对人们已经占有了东西的一种保护机制，免除了失去已经占有了的东西的痛苦。保险保障的是人们现有的资源，包括物质资源，比如财产、利益、权利和信用，以及人力资源，包括人的生命和身体，所以保险带给人们的效用也会大于保险费带来的效用。当然，其前提条件仍然是买

保险是投保人以少量确定的保险费支出换取约定的保险事故发生后保险人给予的大量保险金的一种风险转嫁活动，同时也是对人们已经占有了的东西的一种保护机制，免除占有后再失去的痛苦。

保险的人必须是风险厌恶者，如果是风险中性或风险爱好者，则又当别论了。”

沙纳忽然说：“买其他保险是为了安全感和幸福感，那买年金这样的储蓄型保险是否就是为了年老时获得保险金呢？”

“即使是年金险，为了获得保险金也只是一个表象。如果还没有到领取年龄或者刚领了一两年被保险人就去世了呢，他还能继续获得保险金吗，交了几十年的保险费难道是为了获得一两年的保险金？如果仅仅是为了获得养老金，他买债券或储蓄到银行不是更好吗？”皮尔森略停片刻继续说：“透过表象，买年金的实质也仍然是为了获得安全感和幸福感，还不是为了老年时有一个比较好的经济保障，而不至于陷入贫困和痛苦吗？想到老年时会有一个不错的经济保障，年轻的时候就会心安得多，幸福得多。”

皮尔森点了一下鼠标，屏幕上出现了两行黑体字：

倍努力定理：只要保险是按照精算公平费率提供的，对一个风险厌恶的投保人来说，投保后的期望效用总是大于不投保时的期望效用。

皮尔森说：“对我们这些在人群中占有70%比重的风险厌恶者来说，保险确确实实是个能够带来更多幸福感的好东西！”

> 第五个误区：
>
> 错：有了社会保险就不再需要商业保险。
>
> 注意：社会保险和商业保险各有用途，相得益彰。

社会保险和商业保险各有用途，相得益彰。

沙纳说：“我们有一句保险推销话术是‘社会保险好比汽车上的刹车，商业保险就是汽车上的气囊，在科技不断进步、人们对生命更为重视的今天，光有刹车是不够的，对于比较重视自己生命的人来说，气囊已是一个非常重要的装备’。”

“这样说是有一定道理的，但不全面，也不精确。”皮尔森点了一下鼠标，屏幕出现了一幅示意图，黑体字的图名是“中国社会保障框架图”。教授用手指点着屏幕说：“你们看，社会保险是整个社会保障体系的一个最重要组成部分，但它主要针对的是职业人群，而且在中国即使是具有城市户口的职业人群，社会保险的覆盖率也就在 70% 左右。”

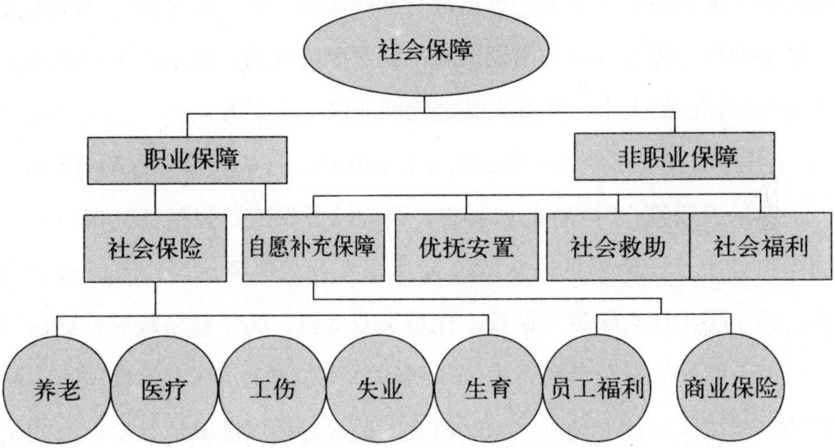

中国社会保障框架图

大家对皮尔森对中国国情的了解程度感到很惊讶。

皮尔森接着说：“除了社会保险，还有其他的社会保障。有针对特殊人群，特别是军烈属、见义勇为的英雄的优抚安置；还有针对生活水平处于社会最底端人群的社会救助，比如城市和农村的最低生活保障制度和救济救灾制度；还有针对老年、孤幼和残疾等人群的社会福利制度，再加上由员工福利和商业保险等构成的自愿补充保障。如果非得要用刹车和气囊的关系来做比的话，刹车是除了自愿补充保障部分的整个社会保障制度。因为在社会保障的分层中，社会保险不是最基本的，有社会保险的人还相当有限，不宜比作最基本的刹车。而自愿补充保障部分，包括员工福利和商业保险，可以比作气囊。”

沙纳说："我明白了，按照您的意思，如果有的人没有社会保险，只是买了商业保险，我们不能说他只有气囊没有刹车。他还有最低生活保障等最基本的刹车系统，这也是他在做家庭理财规划时所应考虑到的内容。"

皮尔森说："还有，构成气囊的除了商业保险外，还有员工福利。现代员工福利制度在中国还远远没有构建起来，如果有机会，我愿意付出更多的精力研究并参与中国的员工福利制度建设，这是关系到亿万中国老百姓福祉的大事，其意义甚至比商业保险还要大。"

陆彤问："说了半天，那么有了社会保险，还需要商业保险吗？"

皮尔森回答："当然是需要的，因为社会保障，包括社会保险，它的保障层次是比较低的。从欧美发达国家社会保障制度改革的趋势来看，为了防止社会保障养懒汉、化解失业危机，为了缓解政府社会保障支出过大引起的财政危机，也为了缓和移民和本土居民在社会保障方面的冲突所造成的社会危机，发达国家的政府都在试图降低社会保障的负担，用企业年金、团体商业保险等员工福利制度替代一部分社会保障的功能。"

师妹说："我的导师带着我们做过一项社会保障方面的研究，其实中国社会保障制度的改革也将沿着这样的发展方向，利用社会保障，给全体公民提供一个人人有份的薄被子，保证大家不受冻、不挨饿、能看病，如果觉得这个被子太薄，那就自己去寻求商业保险等厚一点的被子好了。"

社会保障给全体公民提供一个人人有份的薄被子，保证大家不受冻、不挨饿、能看病，如果觉得这个被子太薄，那就自己去寻求商业保险。

沙纳说："比如社会医疗保险吧，它只能补偿患者社保范围内的医疗费，而对基本医疗保险药品目录外的药品和服务，比如进口药和特殊护理费的补偿则只能靠商业保险来补偿。"

"这就看出了商业保险的必要性。" 皮尔森说："因为社会保险将来只能提供最基本的保障，如果想在一旦进入生命波折期后过得好一点，商业保险自然是必要的，这是和市场经济进一步发展这一大环境相吻合的。”

第六个误区：

错：买保险，最关键的是代理人。

注意：买保险，最关键的是保险产品。

买保险，最关键的是保险产品。

皮尔森问：“知道保险代理人吗？”

大家异口同声：“知道。”

沙纳说：“自从 1992 年美国的友邦保险公司将个人寿险营销制度引入中国保险市场，到现在，中国的个人保险代理人已经超过 260 万了。”

皮尔森又问：“那官方是如何界定保险代理人的呢？”

沙纳回答：“根据中国保险监督管理委员会 2006 年 3 月发布的《保险营销员管理规定》，保险代理人是指根据保险人的委托，向保险人收取代理手续费，并在保险人授权的范围内代为办理保险业务的单位或者个人。保险代理人包括专业代理人、兼业代理人和个人代理人。”

保险代理人包括专业代理人、兼业代理人和个人代理人。

沙纳的记忆力真好，这么枯燥的条文他都能熟练地背下来。看到大家敬佩的目光，沙纳得意地继续说：“专业代理人是指专门从事保险代理业务的保险代理公司。兼业代理人是指受保险公司委托，在从事自身业务的同时，指定专人为保险公司代办保险业务的单位。个人代理人是指根据保险公司委托，向保险公司收取代理手续费，并在保险公司授权的范围内代为办理保险业务的个人。”

大家鼓掌。

沙纳说：“保险代理人是保险公司和客户联系的纽带，非常非常重要，我们大中华人寿就有 65 万个人代理人呢，想想吧，65 万大军，浩浩荡荡。”

皮尔森说：“代理人当然非常重要，因为一个好的代理人不但可以为消费者制定一份适合的保险规划，甚至理财规划，还能够及时提醒缴费、协助保单变更，特别是在保险事故发生后，能够协助理赔，告诉受益人准备哪些文件，走什么样的索赔程序，可以减少受益人的很多麻烦。”

沙纳说：“我们公司的一些优秀代理人，后续服务就非常到位，有些都成了客户的专业理财顾问了。客户不但问关于保险的问题，关于股票、基金、债券、储蓄等凡是和家庭理财有关的问题，都咨询代理人。有一个企业老板，买古玩字画都得请上他的保险代理人，因为这个代理人还是这方面的专家，代理人和客户成了非常好的朋友。不过在目前中国的保险市场上，如此融洽的关系仍然是可遇而不可求的，不那么常见，遇到了自然是很幸运的。”

谢倾城的眉头微蹙，欲言又止。

“但是，”沙纳接着说，“如果对所有的代理人都抱有这样的期望，很多人就会很失望。到目前为止，中国保险市场上这 260 万左右的个人保险代理人，服务真正能够达到客户期望的，大概不会超过 20%。”

皮尔森说：“所以，我这里需要特别提醒大家注意的是，买保险的过程中，代理人不是最关键的，最关键的还是保险产品。识破这个误区的意义在于保险消费者不要把自己对保险的期望完全寄于代理人身上。”

陆彤说：“是不是就像买房子，我们不会希望房屋销售人员能完全保证房子的质量，更不会寄希望于他会帮我们把房子装修起来或者提供很多其他的后续服务？”

沙纳说：“买汽车也一样，虽然有所谓的贴心 4S 店，但汽车的养护还得靠车主，4S 店不坑你就算不错了。”

皮尔森说：“保险消费者应该认识到，保险代理人的任务首先是把保险销售出去，其次是协助保险公司收取后续的期缴保费，至于节日问候、鲜花祝福，那不过是融洽客户关系的商业礼节罢了。”

沙纳也说：“代理人销售保险的时候虽然大多会对客户讲，发生保险事故找他就可以了，他可以帮忙理赔，但实际上，理赔时代理人能够起的作用是非常有限的。而且这时，代理人协助理赔都是没有报酬的，从经济的角度而不是人情的角度讲，这时候的代理人提供的帮助已经是分外的事儿了。”

陆彤说：“是不是有些代理人轻诺寡信，为了签单什么都敢答应，最后又落实不了，破坏了保险代理人的整体形象呢？”

沙纳说：“这种现象很突出。但如果客户和代理人有了矛盾，客户最好不要把对某个代理人的怨恨转化为对所有代理人的怨恨，更不应该转化为对保险的怨恨。”

皮尔森说：“投保人还应知道‘自助者天助’，实际上报案索赔的工作并不复杂，只要投保人看明白保单，了解索赔程序，知道保险公司的报案和理赔电话，这样，没有代理人的协助也差不多是一样的。在美国，寿险保单的理赔其实很少有代理人出面，都是受益人和保险公司在协商。这是消费者保险知识已经非常丰富、保险观念已经非常成熟的一个市场特征。”

> 第七个误区：
>
> 错：买保险的钱应占到家庭收入的百分之多少。
>
> 注意：保险消费量是由多个因素决定的，仅用家庭收入的百分比来确定会导致保险消费失当。

保险消费量是由多个因素决定的，仅用家庭收入的百分比来确定会导致保险消费失当。

沙纳说：“一个家庭应花多少钱买保险是保险实务中一个非常重要的问题，有时候别人问我他花多少钱买保险合适，我就说大概要占到你家庭收入的20%，可是就连我自己对我这句话都有些怀疑。”

皮尔森说：“要想知道买保险的应该花多少钱，首先应了解一下都有哪些因素影响个人和家庭的保险需求。大家说说如果让你去买保险，你需要考虑哪些因素呢？”

李筑说：“我觉得首先还是要考虑收入，比如说我的收入很有限，刚刚解决温饱问题，我哪里有钱去买保险啊？俗话说得好‘再穷不能穷面子，再苦不能苦肚子’，我得先吃饱穿好。”

陆彤说：“那句话好像是‘再穷不能穷教育，再苦不能苦孩子’，临近高速公路的农家院墙上的大标语都这么写。”

皮尔森耸耸肩说：“保险金额的确定是要依据多个因素的，家庭收入仅仅是其中的一个方面。比如，刚才李筑说的就不对，吃饱当然是第一位的，但穿好一定是在最基本的意外伤害保险之后。”

陆彤夸张地上上下下扫了一遍李筑说：“李筑的穿着的确不错，一身名牌，还带着一枚很值钱的钻戒呢。”

李筑缩缩脖子说：“警察小姐，请不要这样看我。我好害怕。”

沙纳说：“我也怕。”

陆彤说 ：“很抱歉，当了警察后不知不觉就这样了，我的第一个男朋友就是被我的眼光吓跑的。不过我还是弄不明白，如果不是老鼠，干吗怕猫呢？”

大家静默。好几个人不约而同地叹了一声。

谢倾城说：“也许在这个世界上每个人都难免沾染上一些鼠气，见猫心虚。”

皮尔森咳了一声说：“回到正题，在李筑的穿着中，至少应该有 100 块钱是用来买意外伤害保险的。他的身体很好，健康保险就免了，养老险更谈不上,值钱的东西都披挂在身上,因此财产险也没有必要。不开车，而且根据他的工作性质，一般也不会承担什么职业责任，责任险也免了。只是如果有人现在或将来得靠他活着，花一点钱买一份定期寿险也可以考虑，当然也是非常便宜的。”

一直在旁边静静听着的师妹突然说：“我听着教授的意思好像是应

根据个人和家庭最迫切的保障需要来决定保费支出额，而不是以收入来确定保费支出额。就好比不能因为李筑的月收入是 2000 元钱，就告诉他得拿出收入的 20%，也就是 400 元来买保险一样，是这样吗？”

李筑抢着说：“我先声明，我的收入可不止 2000 元啊。而且我觉得即使保险消费额和收入挂钩，也不能是一个确定的比例，月收入 5 万元的人和月收入 5000 元的人都应拿收入的 20% 去买保险，这不是瞎掰吗。”

师妹说：“经济学里面有一个恩格尔系数，指的是食品支出总额占家庭消费支出总额的比重。是国际上通用的衡量居民生活水平高低的一项重要指标，一般随居民家庭收入和生活水平的提高而下降。一个家庭的恩格尔系数越小，就说明这个家庭经济越富裕。反之，如果这个家庭的恩格尔系数越大，就说明这个家庭的经济越困难。联合国粮农组织的标准是，食品支出总额占家庭消费支出总额在 59% 以上的为贫困，50%—59% 为温饱，40%—50% 为小康，30%—40% 为富裕，低于 30% 为最富裕。食品支出的比例随着家庭收入的不同而不同，这样看来，保险支出肯定也不会是一个固定的比例。”

恩格尔系数，指的是食品支出总额占家庭消费支出总额的比重。一个家庭的恩格尔系数越小，就说明这个家庭经济越富裕。

谢倾城说：“可不可以用统计数据得出来一个系数，就用保费支出占家庭收入或者家庭消费支出的比重，来衡量家庭的富裕程度呢。如果可以，干脆取名叫‘皮尔森系数’吧。”

皮尔森笑呵呵地说：“不要胡乱创造经济学术语，现在经济学就已经够乱的了。而且，最好不要将保险支出额和收入简单挂钩，我们还是先继续讨论个人和家庭的保险需求是由哪些因素决定的吧。”

“我觉得最重要的是人的风险态度，个人和家庭因风险态度的不同，其保险需求会有很大的差别。”师妹补充说：“我最近一直在恶补保险经济学，书上说风险爱好者和风险中性者的保险需求量为零。而对于风险厌恶者，则基于其风险厌恶程度，愿意支付额度不等的风险保费，而且随着保险公司收取的保险费中附加费用的比例逐渐增大，一些风险厌恶

个人和家庭因风险态度的不同，其保险需求会有很大的差别。

或外在的分类标准约束的程度。按照格群拓扑学的分类，人类按社会关系可以划分为A、B、C、D四类，分别是社会弱势群体、等级主义者、个人主义者和平等主义者。这四类群体处理风险的方式明显不同。社会弱势群体处理风险的方式是消极被动的，自留和避免风险是首选的风险管理手段；等级主义者处理风险时服从高层意见，个人主义者处理风险时会充分利用市场分散和转移风险，保险是管理风险的主要方式；平等主义者则认为人类应该从改善自然和社会环境的层面避免风险，处理风险时应积极主动，预防和抑制风险是首选的风险管理手段。因此，处于不同社会关系中的群体，其保险需求是有很大不同的。”

看大家有点迷糊，皮尔森说：“我举个例子吧，美国是个个人主义者为主体的社会，人们喜欢用保险这种机制把自己的风险分散到整个社会，以实现自我和社会的结合，所以保险市场非常发达，保险已经成为普通美国家庭生活的必需品。日本社会则等级森严，买不买保险是由一家之长或公司社长决定的，保险公司销售保险时找其他人用处不大。平等主义者，比如著名的绿色和平组织则希望通过预防，特别是改善自然与社会条件来避免风险，当然他们对商业保险制度也并不排斥。社会弱势群体风险虽大，但无法掌控自己的命运，自留风险使他们的生活面临更多的不确定性，避免风险导致他们的社会活动缩手缩脚，进一步抑制了和社会接触的空间，也丧失了大量的发展机会。”

为防止弱者恒弱，政府有必要为社会弱势群体提供基本的风险保障，这就是社会保障制度的由来。

影响个人保险需求的第三个因素是经济因素。

李筑插话：“我深有同感，我想有所作为，可是一考虑到失败的后果，也就裹足不前了，没了闯劲儿，我想我属于社会弱势群体。”

皮尔森说：“为防止弱者恒弱，政府有必要为社会弱势群体提供基本的风险保障，这就是社会保障制度的由来。”

沙纳发笑：“这么一说，我就知道我们保险公司应该把保险卖给什么样的群体了，这叫适销对路。”

皮尔森说：“影响个人保险需求的第三个因素是经济因素。保险的

主要作用就是消除经济上的不确定性。因此，从宏观上看，经济发展既是刺激保险需求产生的因素，也是促成保险需求总量扩充的因素。社会总产值的增长幅度，特别是可用于购买保险的剩余产品的价值的增长幅度和居民收入增长幅度，是保险需求增长的决定性因素。保险需求总量与国民生产总值的增长成正比。而从微观上看，个人和家庭的收入水平影响着人们的保险需求量。收入变化和保险需求变化之间的关系可以用

收入变化和保险需求变化之间的关系用收入弹性来衡量。

收入弹性来衡量。此外，保险的价格即保险费率影响着保险需求，保险费率越高，需求者支付的保险费就越多；反之，就越少。人们希望以最少的保险费支出，获得最大的保险保障。保险费率低，有可能刺激保险需求量的增大；保险需求量与保险价格成反比关系，这层关系用价格弹性来度量。”

影响个人和家庭保险需求的一个关键因素是风险。

师妹说：“说了半天，我个人认为，影响个人和家庭保险需求最关键的因素是风险，《保险经济学》教科书上面说得明白，保险承保的是风险，风险的存在是保险需求存在的前提，即所谓‘没有风险就没有保险’。比如说，一个人，还是拿李筑做例子吧，就像教授刚才说的那样，他一副身强力壮、五毒不侵的样子，对健康险就没有什么需求；反过来，如果李筑跟林妹妹的似的，先天不足，娇娇弱弱的，健康险就很有必要了。其他类型的保险也同样，买不买得先看看投保人这方面的风险大不大。”

沙纳鼓了鼓掌，表示赞同：“我觉得，买保险的一个很大误区就是很多人省略了一个风险管理程序。风险管理先是识别风险，分析一下个人和家庭都面临着哪些风险，然后根据风险是否经常发生和每次发生可能造成的后果，给这个风险定个级，然后再决定哪些风险是可以忍受的，能够自己承担，哪些风险是可以通过防灾防损和小心谨慎能够避免的，哪些风险是能够通过保险或其他经济合同的方式转移出去的。保险实际上仅仅是管理风险的一种手段而已，不是什么风险都需要保险的，预防和谨慎更重要，成本低，效果好。”

李筑挠挠头说：“请举个例子。”

“比如，一个人买了一辆车，他就需要根据自己的驾驶技术和车况、路况确定一下自己面临着哪些风险及其严重程度。如果在乡村，容易撞大树，考虑车辆损失险；如果在城市，容易撞路人，还要考虑第三者责任险；如果是一个老司机了，从没出过事，有交强险就差不多了；如果社会治安很差，考虑盗抢险；如果此类车有自燃的历史，考虑自燃险；

如果挡风玻璃易碎，考虑玻璃单独破碎险；如果老是喜欢让别人搭便车，考虑车上人员责任险。”

看着谢倾城笑着盯着他，沙纳转折了一下说：“当然，别看我说的都是保险，不过最重要的还是提高驾驶技术并谨慎驾驶。还有，如果车借给别人开，那就签订一个合同，一切风险由对方承担就是了，不需要自己买保险了。”

李筑说：“明白了，反正是没有风险，保险是不必要的，但有了风险也未必一定用保险解决，不能忽略了其他的风险管理手段。”

“总之，一句话。保险需求总量与风险的大小成正比。风险发生造成的损害越大，或者损害发生的频率越高，保险需求的总量就越大；反之，保险需求量就越小。” 皮尔森问：“还有什么因素影响保险需求？”

师妹说：“有没有社会保障也是一个很重要的因素，如果社会保障内容很丰富，水平很高，商业保险的需求自然会小些。”

社会保障也是一个很重要的因素，如果社会保障很丰富，水平很好，商业保险的需求自然会小些。

谢倾城说：“我感觉家庭结构和年龄结构对个人和家庭的保险需求影响挺大的。现在都是所谓的一对夫妇、一个孩子的‘核心家庭’，住房、教育、医疗这三座大山压在头上，养老就成了最容易被忽略的问题，顶着三座大山奔波一生，等到了老年才发现没有资源养老了。孩子又指不上，因为孩子们一般要面对两对四个老人呢，他们也有自己的三座山需要顶着，就是孝顺也可能是心有余而力不足啊。”

家庭结构和年龄结构对个人和家庭的保险需求亦有影响。

师妹说：“现在养小孩哪里可能用来防老啊，孩子们读完研究生就奔 30 岁去了，不跟家里要钱买房就不错了，小时候带着好玩，老了你就自己照顾自己吧，呵呵。”

谢倾城说：“现身说法，你妈妈白养你了。”

师妹说：“我要是也跟别人跑了，就更白养了。”

谢倾城娇笑着，一巴掌拍过去。

沙纳笑着说：“所以啊，家庭结构和年龄结构也影响着保险需求。

比如在中国农村，家庭人口多，家族观念重，大家可以互助，保险需求少些；而中国城市家庭的人口少，只能靠保险这种社会机制来分散风险了。”

皮尔森补充说：“家庭主要成员都年轻的时候，保险需求少，等家庭主要成员到了 40 岁以后，保险的需求增长的速度就比较快了。”

皮尔森又问：“还有没有影响保险需求的其他因素呢？”

保险的替代品市场也是一个影响保险需求的因素。

沙纳想了想说：“股市特别好的时候，比如 2006 年到 2007 年，分红险就不好卖，还有不少退保的。这说明保险的替代品市场也是一个影响保险需求的因素。”

“不错。保险是个人和家庭理财的工具之一，个人和家庭还同时面对着其他理财工具，尽管其他工具不能完全替代保险，但其他产品的价格、功能和回报率也对保险需求构成了影响。以银行存款为例，如果同期银行利率高于保险的预定利率，资金就会更多地流向银行，保险需求减少；反之，资金则会流向保险公司，从而使保险需求扩大。股票投资回报率和保险需求总量的关系也是这样。” 皮尔森说：“这对传统保障型的保险和新型投资型险种都有影响。”

国家法律和政策也影响个人和家庭对保险需求。

沙纳说：“还有国家法律和政策也影响个人和家庭对保险的需求，比如《中华人民共和国道路交通管理法》和《机动车辆第三者强制保险条例》出台后，机动车辆第三者责任险就成了每个有车家庭必须买的保险了。”

强制保险是国家和政府以法律或行政的手段强制实施的保险保障方式。

皮尔森说：“强制保险是国家和政府以法律或行政手段强制实施的保险保障方式。凡在规定的范围内，不论被保险人是否愿意，都必须参加的保险都属强制保险。强制保险的实施，人为地扩大了保险需求。在西方国家，一些特殊领域的强制保险也很普遍，比如，在德国、日本、韩国、巴西等国家，船舶油污保险、核反应堆保险、员工赔偿保险都被规定为强制保险，将来中国也会有更多的强制保险险种出现。”

皮尔森问："还有什么因素？大家遗忘了一个非常重要的因素。"

谢倾城说："我的专业是生命工程，所以我觉得科技也是影响个人保险需求的一个因素。"

科技也是影响个人保险需求的一个因素。

皮尔森赞许地点点头："为什么？"

谢倾城说："以前和沙纳在机场的时候讨论过。我觉得科技进步可能增加或降低保险需求。比如，基因工程对潜在疾病的预测或确诊可能会在一段时间内增大保险需求；而从更长远的角度，人类控制疾病能力的无限提高可能会彻底消灭人身保险这种经济制度。"

师妹补充："从经济学的角度来看，和其他商品与服务的需求一样，保险需求应该是一个综合的经济现象，其他众多的经济、社会因素都会对它产生一定的影响。挺巧的，前几天我在期刊上看到的一项调查研究说的是，中国老百姓的保险需求和个人的教育程度存在很强的相关关系，大学文化程度及以下，保险需求和教育程度正相关，但到了研究生阶段，保险需求则逐渐降低。同时，保险和通货紧缩或通货膨胀，和社会经济的稳定程度都有紧密的联系，保险需求与社会保障水平和范围有负向相关关系，保险需求和保险业的声誉有正向相关关系等。"

皮尔森如小鸡啄米般频频点头，说："这回大家看到了吧，收入仅仅是众多影响保险需求因子中的一个，单纯以收入这样一个指标来确定个人和家庭的保险支出量，是典型的教条主义！"

沙纳说："市场上还流行着一种保险理财计算器呢，把家庭收入输入进去，哗啦一下，应该花多少钱买什么样的保险就显示出来了，看来也很不科学了。"

皮尔森说："如果这个软件能优化，把更多的因素纳入进来，特别是将个人和家庭的文化背景、社会关系、风险程度、家庭结构、年龄结构、教育程度、风险态度、保险价格、收入状况、社会保障、其他理财规划、法律法规、保险业的声誉等13个基本指标都放进来的话，应该就比较科学了。”

> 第八个误区：
>
> 错：保险比储蓄划算或者保险和储蓄不能比。
>
> 注意：储蓄的好处是其流动性比较强，保险的好处是互济性和杠杆效应比较强。

储蓄的好处是其流动性比较强；保险的好处是互济性和杠杆效应比较强。

皮尔森问：“保险和储蓄具有可比性吗，保险和储蓄的区别主要在哪里呢？”

沙纳说：“保险具有互济性。比如咱们这个班每人交1万元钱，由在未来10年内去世的人所指定的受益人分享，这就形成了一个死亡保险合同，相当于活着的人给死去的人捐了1万元钱，所以是互济的。反过来，如果到10年后，这些钱由还活着的人分享，10年内死去的人没份儿，这就形成了一个生存保险合同，相当于死去的人捐了1万块钱给生存的人养老，所以也是互济的。而储蓄呢，存款人在银行里储蓄1万元钱，10年后，拿到的只是本金和利息，和存款人的生死没有关系，也没有存款人彼此间的互济。”

皮尔森说：“这的确是保险和储蓄的一个主要区别，也是保险的价值之所在。保险和储蓄还有什么其他的不同之处吗？”

我也觉得沙纳说得有道理，但还不全面，于是补充道：“保险有杠杆效应，保险合同一旦生效，即使刚交了一期保费，也可以获得足额的保险金。我在广州工作时听到的一个案例就很有意思，一个投保人仅交了一期一万多元的保险费，保险合同生效后几天内死亡，保险公司照样向他的受益人赔偿了100万元的死亡保险金。而储蓄呢，没有杠杆效应，你储蓄了多少，就按利率和储蓄期获得本息。”

“还有什么区别呢？”皮尔森问：“想听听警察同志的意见。”

陆彤一笑说："我从字面上理解两者的本质区别，一个'保'的是'险'，一个'储备' 的是'积蓄'，当然不一样。"

皮尔森又问："那两者之间又有哪些相同点呢。"

师妹说："既然都是金融工具，当然也有一定的相同之处，有可以比较地方，我觉得那种既保生存也保死亡的生死两全保险就有储蓄的性质。"

沙纳说："不要曲解生死两全保险，它不过是一张生存保险单和死亡保险单的组合而已，如果说有储蓄性质，那得属养老保险，特别是其中的年金保险，另外终身寿险也算，因为这些保险保险公司总是会向受益人支付保险金的，相当于储蓄，现在交钱，以后拿钱。"

皮尔森说："对。这些保险的确和储蓄有很大的相似性，也是需要投保人在选择买保险还是储蓄的时候进行计算和对比的地方。它们都是把现在的钱留给未来使用，因此都有回报率的问题。"

师妹说："既然它们之间因为相似性而有了替代性，看来如何选择就很重要了。"

皮尔森说："是的。但还是需要注意，这些保险和储蓄的不同之处也在于它们仍然有一定的互济性。比如终身寿险虽然一定会向受益人支付约定数额的保险金，因为人总是会死的，但死得早和死得晚的人之间是有经济互济的，比如说虽然两个受益人都拿到了100万元的保险金，但晚死10年的被保险人的100万元保险金在这10年之内为保险公司带来了更多的利息收入，把这笔收入考虑进来进行保险精算，产品定价时所有人的保费都会因之而降低。同样，养老保险和年金保险则是寿命长的人花了寿命短的人贡献的保险费，长命百岁最划算。储蓄就没有这样的互济功能。"

沙纳说："如果将这些保险和储蓄的回报率进行比较。储蓄的回报率比较好算，粗略一点，选年为单位作为一个储蓄期，一年期银行存款利率作为回报率，到一年期限后自动转存，或储户从银行取出本息转存，用复利计算方法就可以算出一定年限之后的本利之和与利息，总利息除以本金就是储蓄的回报率。”

李筑说：“你能不能举个例子，我听不太明白。”

谢倾城不解地问：“你不是读过中学吗？这是中学计算问题啊！”

李筑有些尴尬地说：“不好意思，早忘光了。”

皮尔森将小电脑桌向沙纳一推，示意他用电脑举个例子。

沙纳在电脑的投影上写下：

> 设：一年期银行存款利率是4.14%，本金10万元，定期1年存款，年末自动转存，则20年后的本利和、利息与储蓄回报率是：
>
> 本利和：$100000 \times (1+4.14\%)^{20} = 225087$（元）
>
> 利息：$225087 - 100000 = 125087$（元）
>
> 20年储蓄的回报率 =125.087%

李筑说：“这下我明白了，但如果一个人买了保险，他的回报率怎么算呢？”

沙纳卡壳。啊啊了两声不知如何回答。

皮尔森说：“对于个人来说，定期寿险、养老保险和生存年金保险的回报率在被保险人死亡之前是算不出来的，因为虽然保险金额是确定的，但定期寿险拿保险金的时间、年金保险拿保险金的次数是由死亡的时间决定，我们既然不知道被保险人什么时候死，也就不能预先算出来他的回报率。”

师妹说：“那不成了一笔糊涂账了吗？”

皮尔森说：“不糊涂，一旦被保险人死去而且受益人拿到了保险金，就能够计算出保险费支出的回报率，但那是没有意义的，因为决定是否买保险的时间是现在，而不是被保险人死后。说不糊涂更关键的原因是对保险公司来说，它的账是清清楚楚的，因为虽然我们不知道被保险人个体何时死亡，但作为一个整体，被保险人的死亡概率分布却是可以通过以前的统计数据进行相当准确的测算的。只要保险公司收拢的被保险人的数量达到了一定的大数，满足了大数法则的要求，保险公司就可以根据这个概率分布知道未来各个阶段会有多少被保险人死去，有多少人会生存，保险公司会支付多少保险金，自己的营运费用是多少，用保险费去投资赚取的回报率是多少。然后，根据收支平衡的原则，得出来应该向每一个投保人收取多少保险费，并根据自己的投资回报率设定一个预定利率，根据预定利率，再按投保人交到保险公司的保险费计算利息，以体现这些保险费的时间价值，像储蓄一样，但保险公司是给的是复利，也不支付现金，只是在计算费率时把它作为保费带来的收入，投保人买保险的价格下挫了一大块。”

沙纳说：“也就是说，这类保险的回报率只能做到整体清楚，也就是预定利率清楚。比如，目前中国保监会确定的人身保险的预定利率的上限是 2.5%，各个公司只要不超过这个上限就可以。但个体的回报率是不清楚的。如果哪个代理人或理财专家告诉投保人说你买的这类保险的回报率高于银行储蓄，那一定是在忽悠人了。”

皮尔森说：“不过，你这种说法仅仅可以针对传统保障型寿险产品。而对于新型的投资类保险产品来说，就是可以比较的了。”

师妹说：“我们也算是新新人类了，很想知道新型投资类保险是怎么回事。”

我说："当时地产商也很干脆地拒绝了皮尔森教授，说天下哪有这么美的事呢？"

师妹皱着眉头说："究竟谁划算还真得算一算，不能轻下断言。"

沙纳扫视了一圈说："故事继续。教授看地产商不愿意，于是说那我们反过来做生意，我卖给你一份条件相同的保险吧。皮尔森教授要卖给地产商的保险就是我们这里说的分红保险。"

沙纳的手指在笔记本的键盘上灵活敲动，嘴里说看看我们大中华人寿的分红险"精彩人生"的给付条件吧。

地产商购买100份大中华人寿精彩明天两全保险（B款）（分红型）。被保险人1岁，每份10000元保额——年缴保费3823元；100份每年缴382300.00元，5年缴清。共1911500.00万元。

大中华人寿精彩明天两全保险（B款）（分红型）第五条保险责任：

在本合同保险期间内，本公司负以下保险责任：

1. 生存保险金与满期保险金

• 自本合同生效之日起，被保险人生存至每满三个保单年度的年生效对应日，本公司按基本保险金额的9%给付生存保险金（百份9万元）。

• 被保险人生存至年满六十五周岁的年生效对应日，本公司按基本保险金额的100%给付生存保险金（百份100万元）。

• 被保险人生存至保险期间届满，本公司按基本保险金额的180%给付满期保险金，本合同终止（百份180万元）。

2. 身故保险金

• 被保险人于本合同生效之日起一年内因疾病身故，本公司按所交保险费（不计利息）给付身故保险金，本合同终止。

· 被保险人于年满六十五周岁的年生效对应日前因意外伤害身故，或者被保险人于本合同生效之日起一年后、年满六十五周岁的年生效对应日前因疾病身故，本公司按基本保险金额的300%给付身故保险金，本合同终止（百份300万元）。

· 被保险人于年满六十五周岁的年生效对应日后身故，本公司按基本保险金额的200%给付身故保险金，本合同终止（百份200万元）

第七条 红利事项：

在本合同保险期间内，本公司每年根据上一会计年度分红保险业务的实际经营状况确定红利分配方案。比如，2007年的分红是382300.00×5×6.2% = 118513.00元。红利可现金领取，还可放在保险公司累积生息。

沙纳说："这回大家是不是觉得分红险很不错呢？"

师妹说："等一等，最好让我用复利公式算一算这种分红保险的回报率。"

"这好算啊。"李筑把沙纳拱到一边，用电脑上的计算器算起来："你看第一个条件'汤姆生存：每三年，地产商返还皮尔森9万元'。第一个3年的回报率就是90000.00/(382300.00×3)=7.85%。6年内的回报率是180000.00/(382300.00×5)=9.42%。这可真不得了啊，每年返还9万元，5年后支出的本金已经确定了，每年返9万的游戏才刚刚开始，后面的回报率会越来越高，9年内的回报率是14.13%，12年内的回报率是18.8%。"

谢倾城断言说："数学不及格。"

师妹说:“李筑你先别激动,你的利率若分摊到每年,7.85% 除以 3 等于 2.62%,9.42% 除以 6 等于 1.57%,以后的年回报率是恒定的,不会越来越高,都是 1.57%,而且还都是单利。”

李筑怔了一下说:“那我换个算法,算总数,假设汤姆能活到 81 岁,正好有 27 个 3 年,27×9 = 243 万元。243/191×100% = 127.2%。仅仅第一个条件的回报率就可以达到 127.2%。如果加上 65 岁生日返还的 100 万元和 80 岁生日返还的 180 万元,回报率就是〔(243 + 100 + 180)/191〕×100%=273.8%。年回报率是 273.8%/81=3.38%。”

谢倾城说:“可是活到 80 岁可不是一件容易的事情。”

沙纳说:“发达国家,甚至包括我们中国这样的发展中国家,人均寿命都已经在 70 岁以上了,活到 80 岁不稀奇。”

李筑说:“假设汤姆是个短命鬼——啊,对不起教授,忘了他是您孙子。汤姆只活到了 65 岁,有 21 个 9 万可拿,那他的回报率也达到了〔(21×9 + 100)/191〕×100%=151.3%。年回报率是 2.33%。”

沙纳说:“如果再加上分红,比如 2007 年的分红率是 6.2%,那可是非常高的回报率了。不是一般的家庭理财所能达到的。”

李筑说:“即使万一汤姆活不到 65 岁,除了一年内疾病身故只取回所交的钱外,都可以拿到 300 万元,加上每 3 年返 9 万的钱,那回报率更高了。”

沙纳说:“你刚才算回报率的时候还忘了 65 岁后死亡给的那 200 万呢。”

李筑说:"真划算,要是地产商不破产,真的存在 80 年能够保证给钱就好了。”

沙纳说:“我们不管地产商,反正保险公司是世界上最长寿的一类机构。你知道即使在中国,保险法也规定保险公司的注册资本不能低于两个亿,现在新成立的保险公司的注册资本大多在 10 亿元人民币以上。

目前我们大中华人寿的总资产 8927 亿元，市值高达 1 万多亿元，没有地产商可以跟我们比。”

李筑羡慕得不得了，仿佛看到了金矿。

沙纳更起劲，又开始背保险法：“新修订的《中华人民共和国保险法》的第 89 条规定，经营有人寿保险业务的保险公司，除分立、合并外，不得解散。第 92 条规定，经营有人寿保险业务的保险公司被依法撤销的或者被依法宣告破产的，其持有的人寿保险合同及准备金，必须转移给其他经营有人寿保险业务的保险公司；不能同其他保险公司达成转让协议的，由保险监督管理机构指定经营有人寿保险业务的保险公司接受。转让或者由保险监督管理机构指定接受前款规定的人寿保险合同及准备金的，应当维护被保险人、受益人的合法权益。”

谢倾城“啧啧”了两声表示抗议，说：“你好像以前已经背过一次了。”

“等等！”师妹说着也凑到笔记本前面，拿起鼠标算起来：“你们先别太激动。你们说的很有道理，分红险的确很不错，既有保障，也有分红。但你们前面计算出来的都是单利，我觉得有点夸张。我现在试试如果用复利计算会有什么样的结果。假设回报率是 3%，我们看看教授前 5 年每年交的 382300.00 元用复利计算，到了汤姆 65 岁的时候这些钱变成了多少。

$$382300.00 \times (1+3\%)^{65} = 2611102.00\text{（元）}$$

$$382300.00 \times (1+0.03\%)^{64} = 2535051.00\text{（元）}$$

$$382300.00 \times (1+0.03\%)^{63} = 2461214.00\text{（元）}$$

$$382300.00 \times (1+0.03\%)^{62} = 2389529.00\text{（元）}$$

$$382300.00 \times (1+0.03\%)^{61} = 2319931.00\text{（元）}$$

加在一块儿等于 12316827.00 元。”

看到这样的计算结果，李筑吃惊地瞪大眼睛。用复利计算下来，竟有1200多万的累积值。

师妹说："投保人在买保险的时候应该清楚，他缴纳的保险费在几十年之后会变成多少，是自己投资合适，还是买投资型险种合适。"

无论是自己投资，还是购买保险，都要认识到复利的威力。

"是的，无论是自己投资，还是购买保险，都要认识到复利的威力。连续5年将5个38万以3%的复利累积到65年以后就可以成为千万富翁了。"皮尔森教授说："还需要注意的是，在分红险中，保险公司已经按预定利率对投保人交来的保险费进行复利累积了，并体现在保险单累积的现金价值中。"

沙纳说："目前是年利率2%左右。"

"对，如果再加上分红，比如2007年的6.2%，加在一起，那就是8%了，如果用复利累积65年，那更是个天文数字。"皮尔森说："不过2007年仅是比较特殊的年份，一般能够达到2%—3%的分红就算不错了。"

沙纳说："那也挺划算的。"

师妹问："分红险是投保人和保险公司的股东一样分享保险公司的经营利润吗？"

皮尔森说："非也，分红险仅仅是产品分红，和股东分红截然不同。"

保险公司经营的三差损益是死差损益、费差损益和利差损益。

"杀鸡焉用宰牛刀，我来给你讲。"沙纳抢话说："保险公司经营首先有个'三差损益'，即死差损益、费差损益和利差损益。保险公司的产品定价和其他行业是不一样的，其他行业是先知道成本，然后根据市场行情确定价格，成本发生在定价之前。比如生产电视机吧，厂家根据显像管、接收器和外壳等原料的采购成本和人工成本确定售价，然后根据市场行情进行微调。而保险产品的成本主要是发生在保险单卖出去之后，被保险人发生了保险合同约定的保险事故，保险公司进行给付或赔偿，而未来的这些支付是不确定的，能确定下来的前期成本比如产品设计成本所占比例很小。这就需要保险公司在设计产品和定价的时候要预测未来的成本，预测收来的保险费在手里放着这段时间的投资收益，还要预测未来为了销售和维护保单所付出的管理费用。也就是要根据预测出来的未来收益和成本进行定价。”

师妹说：“可是预测的难度是很大的，经济学有很多预测方法，但并不是很准啊。”

沙纳说：“所以才有一门高深的学问叫保险精算，精算师是保险公司聘请的进行保险精算的专业人员，想成为一个精算师要经过最繁难的资格考试，他们的主要工作之一就是设计保险产品并根据过去的统计数据预测未来的参数，然后厘定出一个合理价格来。”

陆彤说：“我以前在侦案时曾经和一个保险公司的精算师有所接触，看得出那是一个收入非常高的职业。”

沙纳说：“在任何一个发达的市场经济国家，精算师的收入都在前十之内。精算是保险实务中最有技术含量的一块，所以才值钱。比如说在寿险设计中，精算师要预测未来被保险人的死亡率，因为这关系到未来支付多少保险金，还要预测保险公司的经营费用和投资收益，经营费用使保险费增加，投资收益使保险费降低，再预测出退保率和佣金率，然后就可以计算成本并进行定价了。”

师妹说：“那如果预测错误了呢，我不认为他们可以预测得非常准确，因为受数据和技术的限制，没有人能够长期准确地预测股票市场和外汇市场的涨跌，预测保险公司未来的投资回报率也就很难精确了。”

沙纳说：“除了死亡率可以根据生命表进行预测比较准确之外，精算师自己也知道在其他方面，特别是投资回报率的预测未必准确，所以在收保费的时候要多收一点，专业术语称为‘风险加成’。这还不够，还创造了分红险。”

谢倾城说：“难道说分红险就是分享精算师预测错误所带来的收益吗？”

沙纳拿不准，用目光向皮尔森求救。

理财方法。”

沙纳说：“保险公司的投资可是专家理财和机构投资啊，具有信息优势、资金优势和技术优势，收益率要高于个人投资。”

师妹说：“理论上，专家理财和机构投资的收益率的确高于个人，但那也得分情况，要根据个人的投资水平进行决策。比如我表姐的工作单位是一个园林机械制造公司，她们公司内部基金的保证收益率是10%，她就比较适合自己投资。”

皮尔森说：“10%的收益率可是不简单啊，如果能有这么高的投资回报率，自然应选择自己投资。”

陆彤问：“那万能保险和投资连结保险是怎么回事，它们和分红险的区别是什么呢？”

李筑也说：“万能险真的是万能吗？买了它是不是其他的保险就都不用买了？”

万能险并不是万能的，它不过是在缴费、保额选取方面更灵活了一些而已。

“万能险并不是万能的，它不过是在缴费、保额选取方面更灵活了一些而已。”沙纳抢着回答：“万能险的优势在于投保以后可根据不同生活阶段的保障需求和财力状况，不定期随个人意愿增加保额或减少保额、保费缴纳额度及改变缴费期。”

谢倾城说：“那为什么要叫‘万能’保险呢？”

沙纳说：“万能是从英文单词Universal（万能、通用、多功能）翻译过来的，为什么这么叫得问皮尔森教授。”

“因为我们的语言习惯将多功能的东西称为‘万能’的，仅是形容功能多，绝对没有确指一定是一万种功能的意思。” 皮尔森说：“除了沙纳说的可以随意调整保额、保费和缴费期以外。万能险还有一个重要的功能，那就是投资。万能险所缴保费在保险公司这里被分成两部分，一部分用于保险保障，另一部分则用于投资，投资部分单设账户。投保人可以自由设置保障和投资账户的比例；账户资金由保险公司代为投资理财，投资收益上不封顶、下设最低保证利率。”

沙纳说："我们公司万能险的保单持有人在急需资金的时候可以随时取回投资账户的资金，在超出缴费期60天还未能续缴保费的情况下，可以用保单积存的现金价值自动垫缴，使保单继续有效。如果保费不曾拖欠，每年还可以获得一定的奖励。"

皮尔森说："为了应付客户关于万能保险是不是'万能'的疑问，保险公司一般会给万能险设置若干种附加险，由客户自由选择，以保障健康和意外伤害的风险，让它的功能多起来。万能险也可以通过改变保障账户和投资账户的比例使之功能更偏保障或者更偏投资型，投资账户的比例越高，保障性越差，收益性越强，当然投资风险也大一些。"

沙纳说："与分红险相比，万能险是比较透明的。投资账户的价值、管理费用、保险保障的成本和投资账户的回报率可以通过保险公司的客服电话、网站查知，保险公司每半年还要向投保人寄送'个人账户价值对账单'，让客户了解个人账户价值变化的信息。"

李筑皱眉说："能不能举一个例子，我想知道万能险究竟有什么用。"

皮尔森翻动了一下投影，出现了一幅示意图：

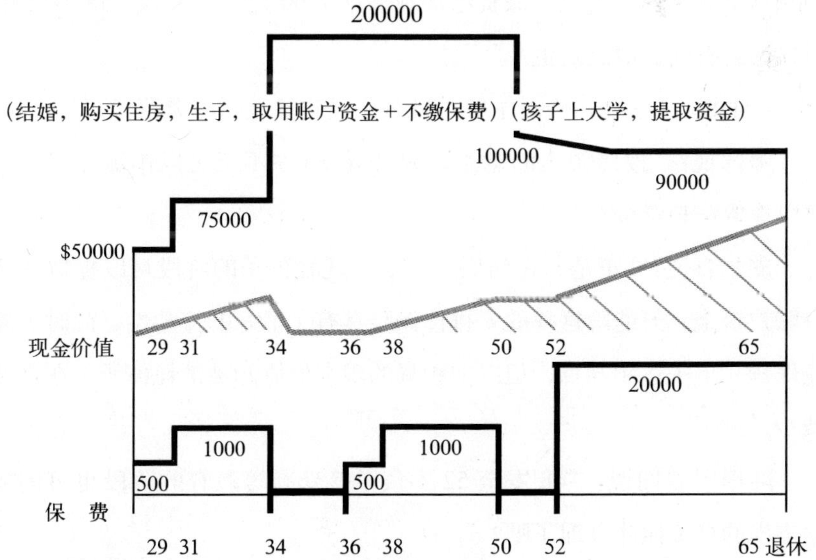

万能保险示意图

“让我们来看看万能险的优势吧。”皮尔森说：“比如说，一个企业白领，29 岁，他买了一份万能保险。我们先猜猜他为什么要买这份保险。”

沙纳说：“已经工作了几年，收入上去了，积蓄也有一些了，所以希望把以前一年一买的意外伤害保险换成保障稳定期限长的万能保险了。”

师妹说：“父母年龄大了，需要一定的经济保障。”

李筑说：“谈恋爱，想通过买保险说明自己是个责任感很强的人，也会理财；或者要结婚了，忽然有了责任感，觉得不买不行了。”

我说：“年龄大些了，思想趋于稳定和保守，对风险有了更多的认识。”

“都有可能，以上都是影响保险需求的重要因素。”皮尔森说：“29 岁至 31 岁时，死亡给付仅 5 万美元，为什么呢？”

沙纳说：“在美国也许仅仅是为了一个体面的葬礼。”

“有道理，因为这个时候还没有人靠他活着，而且更关键的是保费每年仅 500 美元，不影响生活质量。” 皮尔森说：“从 31 岁至 34 岁，保额增加到 75000 美元，保费增加到每年 1000 元。大家猜，到 34 岁的时候，会有什么情况发生？”

沙纳说：“结婚，购买住房，34 岁结婚也算晚婚的典范了。”

师妹说：“按照图上的意思，34 岁至 36 岁不但可以不缴保费，还可以提取账户资金？”

皮尔森说：“正是。在结婚、买房、抚育孩子的阶段可以提取一部分账户资金，万能险这样的安排让保险具有了很好的流动性，此时还能让保额一下子达到高点，但以前积累的现金价值却被消耗掉了，在迅速减少。”

陆彤看着图说：“48 岁至 52 岁孩子接受高等教育的阶段也可因家庭支出的增多照此办理了吧？”

“对，因为孩子大了，对父母的依赖下降，所以保额可以逐渐降低。”

皮尔森说："这时收入较高，支出稳定，所缴的保费要翻倍，因此现金价值迅速增加。到 65 岁退休的时候，就可以停止缴费。在有生之年，领取年金养老了，可以在晚年充分享受美好的生活。"

李筑说："这万能险的确是很人性化的。"

皮尔森说："万能险的旋律是稳定，追求高额投资回报不应是购买万能寿险的主要理由或动机。"

师妹问："那投连险又是怎么回事，为了追求高额投资回报是不是可以买投连险。"

皮尔森说："与分红险和万能险比起来，投资连结保险则简单得多，因为它实际上就是一个保险和基金的组合。投保人缴来的保险费一部分进保障账户，买保险；一部分进投资账户，保险公司用所有投资账户中的钱形成一个开放型基金，由保险公司的投资专家进行投资运营，保险公司赚取管理费，投保人自担风险。"

投资连结保险实际上就是一个保险和基金的组合。投保人缴来的保险费一部分进保障账户，买保险，一部分进投资账户，保险公司用所有投资账户中的钱形成一个开放型基金，由保险公司的投资专家进行投资运营，保险公司赚取管理费，投保人自担风险。

师妹说："那投连险的风险应该是和一般开放式基金差不多了？"

皮尔森说："是的。从风险管理的角度来讲，一般而言，分红险的风险最小、万能险居中，而投连险风险最大，当然风险越大，可能的收益也越大。"

沙纳说："投连险的风险也是可以选择的，比如大中华人寿 2008 年 4 月份推出的丰裕投连险，就有四个风险等级不同的投资账户可供投保人选择，而且客户可以随时在四个账户中切换，能够在一定程度上控制风险。"

皮尔森说："投连险好不好关键在于钱由谁来投资，其水平如何，如果保险公司的投资水平可以达到沃伦•巴菲特旗下保险公司的水准，那获得高额投资回报也是很自然的了。"

> 第十个误区：
> 错：保险就是在赌博。
> 注意：保险与赌博完完全全是两回事。

保险与赌博完完全全是两回事。

皮尔森说：“保险是将未来不确定的东西变成确定的东西，也就是说，未来的损失是不确定的，但投保人买了保险就可以把未来不确定的损失变为确定的保险费支出。如果安排合理，保费支出是不会对家庭生活构成太大影响的，起码不是灾难性的；但如果没有保险，严重的风险事故会对个人和家庭构成灾难性的影响。而赌博呢，恰恰相反，是把自己确定的钱变成不确定的收入和损失了。比如，就说喂老虎机吧，你投进去的钱是你目前就拥有的，是确定的，但一旦投进去，就不知道它会变多或者变少了。”

陆彤说：“一般是变没了。在中国内地，赌博是非法的。可即便这样，还是有很多成功人士、很多幸福家庭断送在赌博上，我见到的这样的例子实在是太多了。”

沙纳说：“你看买保险就没有让人家破人亡的吧？”

师妹说：“我觉得赌博的目的是损人利己，用经济学的术语来说，是零和博弈，我输的恰恰是你赚的，而保险不是，大家都少交点钱，给那些将来会出事的人预备着，大家互济，利人利己，是多赢。”

沙纳说：“买保险最忌讳的就是赌博心态，觉得交了半天保费，不出事，保险金也得不到，多亏啊，总得想法搞出点事故来才算不亏。”

皮尔森说：“实际上，买保险之后，不出事比出事划算，因为保险当中有个原则叫‘补偿原则’，也就是投保人一方得到的保险金不能超过他的损失，这个原则虽然主要适用于财产保险，但同样，人身保险也是不出事比出事好。‘得不偿失’是保险中的常态，否则保险就会引发道德风险，对被保险人的生命和健康构成威胁，这是保险制度所极力规避的。”

沙纳说：“买保险就是买保障，除了年金险和养老险等以生存为给付条件的保险，拿到了保险金可不是值得期望的一件事情。”

买保险就是买保障，除了年金险和养老险等以生存为给付条件的保险，拿到了保险金可不是值得期望的一件事情。

皮尔森说：“保险和赌博的另一个主要区别是，在保险中，保险公司事先用精算技术算好了和保险金对应的保险费，也算好了保险公司应该收取的附加费用，所有的指标和计算方法都要报送保险监管部门备案，太过分、太离谱的会被打回去。而赌博则不同了，还是以老虎机做例子，赌场早就算出来了输赢的概率，赌场赢多输少，早把程序设定好了，就等着赌客来挨宰呢，输和赢的差距本身就很过分很离谱，它就是这么一个性质，愿赌服输。保险讲究的是公平，赌博讲究的是运气。”

> 第十一个误区：
> 错：保险跟彩票差不多。
> 注意：保险跟彩票区别很大。

皮尔森问：“中国内地也有彩票吧，中国的澳门、香港和台湾地区的彩票形成了一个很大的产业呢。”

李筑说：“有。有福利彩票，还有体育彩票，去年还开了最高奖额800万元的大乐透呢。我就喜欢买彩票，2元钱就可以给我500万的希望，虽然我每月都花几十块钱买彩票却从来没中过大奖，但彩票可以让我生活在幻想里。很多像我这样的‘北漂儿’都不懂保险，爱买彩票。我原来觉得保险跟彩票差不多。”

沙纳赶紧说：“保险跟彩票怎么能差不多呢？买保险是为了获得保障，发生保险事故之后有人给予经济补偿，而买彩票则是希望一夜暴富。”

师妹说：“我感觉两者还是有点相似的地方，都是建立在概率的基础之上，保险金跟事故发生的概率相关，彩票大奖则决定于押中数字的

从精算学的角度，保险公司至少有九个原因需要从解约的投保人那里收取退保费以弥补由于客户退保所可能给保险公司带来的损失。

皮尔森说：“从精算学的角度，保险公司至少有九个原因需要从解约的投保人那里收取退保费以弥补由于客户退保所可能给保险公司带来的损失。”

沙纳惊叹：“那么多，难怪退保的时候投保人拿不回多少钱去。”

皮尔森扳起手指头：“第一，是手续费用。无论签约过程，还是退保金的支付过程，保险公司都会花费一定的人力物力，有一定的额外费用支出，因此要向违约的投保人收取手续费。

第二，佣金成本。一般而言，保险公司在投保人购买保单的第一年或最初几年向代理人支付全部或绝大部分的佣金，一旦投保人中途退保，已经支出去的佣金将无法收回，而保险公司在佣金上的损失是要由违约的投保人承担的。

第三，保障扣除。保险合同生效到退保前如果发生保险合同约定的保险事故，保险公司是要承担赔偿或给付保险金责任的，也就是说，在退保前保险公司已经提供了一段时间的风险保障，因此需要投保人的保费对价，这些保费需要在退保时从退保金中扣除。

第四，投资折价。保险公司收取保险费后，要进行与负债相匹配的投资管理，要投资出去。而任何投资都有一个预先根据险种和保费收入预设的投资期，投资期的长短对应着期望收益的大小。保险公司提前把这笔钱从资本市场或货币市场拿回去支付给客户所造成的投资市场上的折价也需要退保的客户来承担。

第五，利率调整。保险公司收取的保费除了一部分按监管部门的规定进行投资外，还有很大一部分存在银行。如果投保人退保就相当于储户提前提取在银行里的定期存款，银行只能按活期利率计息。同样，保险公司也就不能按照原来的预定利率向退保的客户支付退保金了。

第六，总体风险。一般而言，低风险的投保人／被保险人更容易退保，当低风险的投保人／被保险人退出时，剩下的投保人／被保险人的总体风险水平会升高，意味着保险公司可能面临着收不抵支的风险，所以保险公司要向毁约的投保人收取一些费用，以使收支相抵。

第七，已付金额。有些保单在退保时，保险公司曾经因保险事故的发生或其他条件的达成支付过保险金，在一些险种中已付金额也影响退保费的多寡。

第八，退保罚金。有时保险公司为了遏制退保，还要通过收取退保费向违约的投保人收取一定的罚金。

第九，已付红利。保险公司已向投保人支付的红利也要扣除。此外，保险公司曾提供的风险管理和理财服务、低息保单抵押贷款等也是保险公司收取退保费的因素。”

师妹说：“如果这样算的话，会不会出现投保人想退保，不但退不回任何钱来，反而还得向保险公司支付退保费？”

皮尔森说：“在一些险种上，如果合同成立的初期就退保，出现‘倒找钱’这样的情况一点也不奇怪，只是保险公司不好意思向血本无归的投保人收那笔钱罢了。所以保险公司也怕投保人退保，退保经常会使双方都受到损失。”

李筑问：“既然这样，怎么样才能减少退保或防止退保的发生呢？”

“为使退保费所可能引起的负效应降为最低，投保人和代理人应注意四个方面。”皮尔森深吸一口气说：“其一，用好犹豫期。国内保险公司都为客户签约设定了一个十天左右的犹豫期，一旦客户在签约后的十天内反悔，保险公司将全额退款，不收取退保费，代理人在促成签约时应把这样的犹豫期条款明确告知投保人，投保人也应掌握这方面的信息，做到心中有数。其二，投保人应了解退保费的来由，知道退保的其他害处。比如，退保后重新考虑投保长期性人寿保险，保险条款中约定的疾病身故、疾病致残或自杀的保险责任免除期将重新计算。若保户在责任免除期发生保险事故，保险公司不予赔偿。重新投保时可能会被拒保。某些

为使退保费所可能引起的负效应降为最低，投保人和代理人应注意四个方面：其一，用好犹豫期。其二，投保人应了解退保费的来由，知道退保的其他害处。其三，投保人应知道保险理财的基本知识，选择真正适合自己需要的保险产品。其四，投保人，特别是保险代理人，应系统地学习或注意日常积累经济学和保险知识。

人寿保险条款，以被保险人身体健康且不超过规定年龄为条件。保户退保后再投保，可能会因身体状况的变化或超过规定的年龄而被拒保，从而失去获得保险保障的权利。”

师妹说：“能不能套用股市常说的那句话，‘退保有风险，退保须谨慎’？”

皮尔森接着说：“为了化解退保风险，代理人最好在签约之前和客户退保之时，向客户耐心解释保险公司收取退保费的以上九大因素，让客户感到保险公司既诚信待人，又有理有据；让客户认识到‘盲目退保’比‘盲目投保’更不可取。其三，投保人应知道保险理财的基本知识，选择真正适合自己需要的保险产品；保险代理人应努力提高自己的理财规划水平，为客户设计选择最适合其需要的产品，将退保率降为最低；其四，投保人，特别是保险代理人，应系统地学习或注意日常积累经济学和保险知识，比如，在经济过热、证券市场向好的背景下，要注意中央银行频繁升息所引起的利率固定型保险产品回报率相对下降的问题，注重保险产品组合，尽量为客户避免不必要的损失，也免去了客户退保的麻烦。”

> 第十三个误区：
>
> 错：健康保险就是保健康，像其他保险一样简单。
>
> 注意：健康保险是最复杂的险种之一，购买的时候需要特别慎重。

健康保险是最复杂的险种之一，购买的时候需要特别慎重。

皮尔森说：“健康险是保险中最复杂的险种之一，这不但是因为人的身体和生理机能最为复杂，还因为健康保险除了保险人和被保险人之外还涉及医院和医生。”

陆彤说：“我正打算给我妈妈买一份健康险，有什么特别需要注意的吗？”

健康保险分为疾病保险、医疗保险、失能收入损失保险和护理保险四大类。

皮尔森说："大家都知道，健康保险分为疾病保险、医疗保险、失能收入损失保险和护理保险四大类。其中疾病保险一般是以重疾险的形式出现的。可是重疾险的发展历史并不是很长。重大疾病保险于1983年才在南非问世。克里斯汀•巴纳德是世界上首位成功实施了心脏移植手术的医生，他的弟弟马里优斯•巴纳德医生则创意了世界上最早的重疾险。马里优斯发现，在实施了心脏移植手术后，一些患者及其家庭的财务状况已经陷入困境，无法维持后续康复治疗。为了缓解被保险人一旦患上重大疾病或实施重大手术后所承受的经济压力，他与南非一家保险公司合作开发了重大疾病保险。1986年后，重大疾病保险被陆续引入英国、加拿大、澳大利亚和东南亚等国家和地区，并得到了迅速发展。"

沙纳说："我国最早的重疾险出现在1995年，推出的时候深受市场好评。但后来因为各家保险公司的重疾险包含的病种不同，而且对所含病种的解释也大相径庭，所以一度比较混乱，直到2007年中国保险行业协会和中国医师协会制定了重疾险规范，才规定重疾险必须包含的6种大病，并对重疾险中最常见的25种疾病进行了统一和规范的表述，在解释病种和理赔的时候，保险公司就不能各说各话了。"

师妹说："所以买重疾险之前，先要学习一下这个规范了。"

皮尔森说："那是自然，当然更重要的是仔细分析你要买的重疾险的保险条款。因为重疾险不是一种报销型的险种，而是补偿型的险种。只要得了保单中约定的大病，保险公司就支付保险金，而不论患者花了多少医疗费用。关键的是，重疾险并不是保障我们日常所认为的重大疾病，而是仅仅保障保险合同约定的疾病。"

陆彤问："那是买短期的好呢，还是买终身的好呢？"

沙纳回答："和意外伤害保险选择保险期限长短没有太大关系不一样，健康保险更适宜买长期险，因为健康保险一般要过体检这道关，如果是短期险，每次都得体检就很麻烦，而且很多保险公司规定被保险人到了 60 岁就不能投保了。可是人老了才是容易生病的时候，最需要健康保障。从这个角度讲，不论是重大疾病保险还是医疗保险，最合适的还是终身医疗保险，一次体检，终身有效，一次投保，受益终生，当然失能收入损失是不适合已经退休的老人的，因为这时因为生病的收入损失是很少的。”

李筑问：“到哪儿去买呢？”

沙纳说：“好多保险公司都出售终身医疗保险，光是专业的健康保险公司，市场上就有四五家，其他的寿险公司也有出售。”

陆彤问：“如果有了社会基本医疗保险，比如我妈妈，还需要买健康保险吗？”

沙纳说：“当然需要，但买保险的时候可要看明白保险单是怎么说的，绝大多数公司的保单明确规定，社会基本医疗保险报销了的费用，保险公司是不再报销的，他们只管社保保障范围内的自费部分。也就是起付标准以下的部分和起付标准上按一定比例自付的费用。”

李筑说：“举例子！”

沙纳说：“比如，老李住院花了 10000 元的医疗费，其中 3000 元的药品和服务不在社保用药目录里面。”

社保用药目录也叫基本医疗保险药品目录，是各地的社会基本医疗保险管理部门制定的药品和服务目录，只有在目录之内的药品和服务，社保才予以报销，目录之外的高价药、特效药、特护费用，是不报销的。

李筑问：“什么叫社保用药目录？”

沙纳说：“社保用药目录也叫基本医疗保险药品目录，是社会基本医疗保险管理部门会同卫生部门制定的药品和服务目录，只有在目录之内的药品和服务，社保才予以报销，目录之外的高价药、特效药、特护费用是不报销的。”

师妹说：“保险公司也用社保的目录，这不是搭便车吗？”

沙纳说：“搭这个便车，保险公司省了大劲了。比如老李的 7000 元药品目录内的医疗费中，起付线下有 2000 元。”

李筑打断沙纳的话，“什么叫起付线？”

沙纳说："就是社保规定的一个线，比如1000元，患者1000元以下的医疗费用是不报销的，目的是小病小灾的你自己兜着吧，那点钱别麻烦人，超过1000我再给你报。"

沙纳继续："1000元以上的部分患者自己还要负担15%。"

李筑说："干吗还让自己出15%,国家全保险了不就完了,多麻烦啊。"

师妹说："如果没有自付部分，患者就没有积极性控制医疗费用了，医生的大处方和患者浪费就不容易避免。"

沙纳说："如果你不愿意自付，买商业保险的医疗保险就可以了，它补偿的正好是这两块需要自付的费用。当然，为防止浪费，它一般也不会全保，保80%就不错了。"

陆彤说："有没有超越社保范围的医疗保险，我是说社保药品目录外的费用也能报销的保险？"

沙纳说："当然有，一些公司比如中保康联和人保健康等公司就卖这样的保险，但保费比较高。"

皮尔森说："还有一类津贴型的医疗保险，它不跟医疗费用挂钩，只和生病及住院天数有关，按天数支付保险金。"

李筑说："这个省劲。"

陆彤说："我妈妈住院时，我发现除了药费之外，还有床位费、膳食费、护理费、检查费等，这些保险公司都管吗？"

沙纳说："有些保险公司的险种针对你说的这些费用有各种各样的补贴，什么急救医疗费用补贴、看护补贴、膳食补贴、重症监护补贴、康复补贴等，五花八门，分项给付，而且每一项都会有限额。购买时需要注意的是，一般而言，一次生病不可能把所有的补贴都享受了，比如没有进重症监护病房，重症监护补贴就是零，没有吃医院的饭，膳食补贴就是零，这样，多数情况下还不如买一个综合给付的保单，比分项给付的要好些。"

第十四个误区：

错：保险金额代表着被保险人的身价。

注意：用保险金额来标明身价意义不大。

用保险金额来标明身价意义不大。

沙纳说："我曾经在报纸上看过一张图片，图片上有一个农民买了一份 100 万元的意外伤害保险，就竖起两个大拇指夸耀自己的身价达到了 100 万元。还有一个歌星，在保险公司买了各种各样的保险，保险金额垒得挺高，也声称这代表了自己的身价。"

保险金额是指保险事故发生后，保险公司赔付的最高限额。

皮尔森说："认为保险金额能代表被保险人的身价是一个误区。其一，生命无价。人的生命和身体的价值是不能用金钱来衡量的。因此与财产保险不同，买人身保险并不是根据被保险人生命和身体的价值来确定保险金额，而是基于对保险保障需求的多少和经济能力的大小来确定保险金额。"

"其二，人身保险的保险金额是由自己定的，而所谓'身价'是由社会定的。在西方国家成熟的人才市场上，每一个经理人在人才市场上都有一个大致的标价，表明他的能力，但这个身价是由别人标定的。"

李筑说："可是，有钱人才买得起大额的保险啊。"

皮尔森说："保险购买量的多寡在一定程度上的确能够反映被保险人对自己生命和身体的重视程度和经济能力，但还没有达到可以标明身价的程度。而且，意外伤害保险只需要百八十块钱就可以达到几十万元的保险金额，同样多的保险费买年金险保额不过几块钱，那么究竟该用哪种保险来标明身价？"

陆彤说："保险是实实在在的东西，提供的是生活保障。噱头搞多了，慢慢地，人们就会对保险失去信任。"

皮尔森说："当然，我们这里解释这个误区的唯一目的是要告诉消费者，用保险金额来标明身价没有太大的意义，更不要因为期望用保险金额给自己标一个高的身价而花钱买了不必要的保险。人身保险的核心目的就在于在保险事故发生后，受益人可以获得一定的经济保障，而不是用保险来给自己标一个价格，那样做实在没有太大的意义。”

电话铃声响起。邦友保险公司北京分公司邀请皮尔森赴宴。我们的课程将在三天后的星期天下午将继续进行。

第十五个误区：

错：保险仅仅是有钱人的事。

注意：保险主要是为社会大众服务的。

保险主要是为社会大众服务的。

皮尔森教授手捧厚厚的一卷漫画书，看得津津有味。看到大家到齐，才恋恋不舍地放下。

我觉得好奇，凑过去发现竟然是一本《中国成语故事》。

“今天讲的另一些保险误区，虽然不是和买保险这件事直接相关，但也是至关重要的，有助于人们消除对保险业的诸多误解和成见。正确认识和利用保险机制和保险市场，为我们的生活服务。”皮尔森拍拍那本漫画版的《中国成语故事》，微微一笑说：“今天的课就从成语故事‘缘木求鱼’开始吧。”

“战国时，齐宣王想称霸天下，孟子劝他放弃武力，用仁政征服天下。孟子说，‘以若所为，求若所欲，犹缘木而求鱼也。’大家都知道，在水中可以捉鱼，在海里可以采珠。而‘缘木求鱼’意为沿着树干去找鱼，比喻方向性错误。”

师妹说：“我们还有水中捞月、画饼充饥等成语，意思差不多。”

皮尔森说：“中国的一家保险公司重金聘请一家国际著名的咨询公司设计了一整套的发展战略，其中有一章是该咨询公司建议保险公司采

用的客户定位战略。其核心思想是，社会财富分配有一个‘二八’规律，即社会上 80% 的财富集中在 20% 的富裕家庭，而剩下的 20% 的财富则为其他 80% 的家庭所占有，因此一家保险公司只需要把客户定位在这 20% 的富裕家庭上，配置所有资源，努力挖掘，就可以以最低的成本获得最大的收益，并可以很快成为保险业的佼佼者。”

沙纳问：“有什么不对的吗？”

“是啊，这样的发展战略是出自于国际著名咨询公司之手，看起来也颇有说服力和诱惑力。”皮尔森叹口气说，“可是，我却要为这家保险公司担忧，因为无论从事什么行业，只要是销售产品和服务，客户定位就是头等重要的大事。一旦客户定位有误，即找错了销售对象，则无异于水中捞月、缘木求鱼。”

大家凝神静听。

“中国的很多保险代理人是不是也是这么一个思路：保险也应该像银行、证券、信托和基金一样，不惜代价抓住富裕客户，认为保险应该主要向有钱人销售。”

沙纳说：“就是这样啊。”

“但实际上，从盈利的角度，金融业中银行业、证券业、信托业、基金业都可以‘嫌贫爱富’，而唯独保险业不能。银行可以为富裕客户提供很多激励性优惠，比如八个业务窗口只有两个为排着长队的普通客户服务，剩下的全部服务于金卡、银卡客户，还有的银行甚至向小额存款账户收取额外费用等。一开始在中国大家觉得不太习惯，其实在发达国家这种现象也很普遍。”

从盈利的角度，金融业中银行业、证券业、信托业、基金业都可以“嫌贫爱富”，而唯独保险业不能。

李筑说：“是啊，我给证券公司做过装修。证券公司根据客户交易量的大小把客户分为三六九等，分别放在大户室和营业大厅，待遇差的可远了。”

师妹说：“信托和基金业也同样，在我们看来也是典型的‘势利眼’”。

“那么保险业能不能这样做呢？”皮尔森自问自答：“答案是不能。因为保险业经营的是一个非常特殊的东西——风险。社会经济发展到一定阶段之后，人们购买保险的意愿主要不再决定于收入水平，而是人们对待风险的态度。根据人们对待风险的态度可以把社会中的人分为风险爱好者、风险中性者和风险厌恶者三个大类。风险爱好者是偏爱冒险的人，而风险厌恶者对风险的态度是‘规避’，风险中性者则对风险持‘无所谓’的态度。这个我们前面也曾提到过。”

陆彤说：“有意思，还有风险爱好者，在我们局子里关着的好多应该是这一类人吧？”

皮尔森笑答：“曾经有学者做过研究，说风险爱好者和风险厌恶者的比例随着一个社会的文化传统、遗传因素、地缘因素、社会制度等要素而有所差异。但总体而言，如果不考虑风险中性者，因为即使有，其数量也很少，一个社会中的风险爱好者和风险厌恶者大概是三七开，而这 30% 的风险爱好者大多处于社会的上层，比如银行家、商人、政治家、科学家、艺术家和探险家等。在富裕人群中，以风险爱好者居多，敢于冒险是这些人能够富裕起来的一个主要因素，这一特征在一个转型社会、在财富的原始积累期更为突出。还有一部分风险爱好者处于社会最底层，看过《沉默的羔羊》吧？这些聪明的家伙因喜欢冒险而成为人渣，被关在深牢大狱之中。”

陆彤说：“归我们管。”

皮尔森接着说：“保险是转嫁风险的一种财务安排。我们前面讨论过，按照著名的倍努力原理，一个风险厌恶者投保后的期望效用才有可能大于不投保时的期望效用，而对于风险爱好者，即使保险公司不收取任何管理费用，也不赚取利润，他投保后的期望效用也小于不投保时的期望效用。因此在理论上，风险爱好者是没有积极性购买保险的。”

师妹说：“不错，经济学就是这么讲的。”

富裕人群和风险爱好者的重合，决定了保险客户不能只定位于富人。中产阶级、白领阶层、普通市民才是支撑保险消费的中流砥柱。

皮尔森说：“富裕人群和风险爱好者的重合，决定了保险客户不能只定位于富人。中产阶级、白领阶层、普通市民才是支撑保险消费的中流砥柱。一些基于统计数据的实证研究也证实了这一理论：随着收入的提高，人群中购买保险者的比例会出现拐点，并迅速下降到一个比较低的水平。”

沙纳说：“哇。现实中，一些超级富豪对保险毫无兴趣，却热衷于做风险投资或干脆投资于保险业，是不是对这一理论的印证？”

皮尔森说：“自然是了。由此，保险业在客户定位上、在经营理念上、在具体服务上，就应该更加贴近普通百姓的心，真正做到为人民服务，为大众服务。

李筑说：“我明白了。保险就应该是大众服务的，我们小老百姓不应该认为保险只是有钱人的事情，保险公司最离不开的是我们社会大众，不要因为钱少就不好意思跟保险公司打交道。”

师妹说：“这种误会会使很多人远离保险，远离非常好的一种生活保障制度。”

沙纳说：“其实我们大中华人寿就挺重视为大众服务的，我们有 100 元保险费对应几十万保险金额的意外伤害保险产品，我们还把开拓农村和县域业务做得红红火火，在这方面哪家公司也没我们公司……”

谢倾城赶紧挥手说：“打住，打住，有做广告之嫌！”

3 有关保险代理人素质和保险行业形象的讨论

皮尔森说：“这是中国保险业最大的一个观念上的误区。大家知道保险业的声誉为什么会不尽如人意吗？”

沙纳说：“实际上我觉得在我们中国，在金融业内，银行、证券、信托、基金和保险这几大块中，保险业的声誉并不是最差的。比如银行业吧，客户排长队是个令老百姓非常不满的问题吧，跨行存款收取较高的手续费也让人没有办法；再比如在证券业，有银广厦、红光等上市公司做假账、南方证券公司挪用客户交易保证金的大案要案；在信托业，有广国投破产案，在基金业有前几年闹得沸沸扬扬的基金黑幕……”

谢倾城插话说：“喜鹊落在猪身上，不要只看到别人的黑。”

李筑的思维很发散，想了想说：“倾城的话有问题。首先，猪不一定是黑的，其次，还有花喜鹊，最后，猪是动物，不能用‘别人’这个词儿。”

大家笑。喜鹊、猪和保险没什么关系。

皮尔森说：“可是大家看到保险有别于其他行业的特点了吗？”

沙纳想了想说：“保险是和灾难联系在一起的，尤其是人身保险，动不动就是衰老、疾病、死亡或者伤残，而灾难是人们所避讳的，在很多文化中，人们甚至不愿意谈到这些事情，特别是人们春风得意的时候，很少有人愿意想这些。这个时候你和他去讲投资、讲储蓄，他都可能欣然接受，但如果你去跟他讲，‘您一旦出点什么事呢？给您的家人做点准备，买点保险吧’，人们都有侥幸心理，总觉得不幸不会发生在自己身上，总讲不幸的事儿，对方可能就会非常扫兴、非常反感。这是保险销售可能留给人的第一印象。”

师妹说：“我觉得保险给人的第二个印象是，如果不发生保险合同约定的事故，比如疾病、死亡、意外伤害，受益人是拿不到保险金的，而拿不到保险金的人却占绝大多数。保险期限一过，保费就消费完了，有时候真的会给人亏了的感觉。”

沙纳说：“除非投保人对保险的理解比较准确，清楚地意识到，保险本质上提供的不是保险金，而是保障，是一个可能用不着、最好用不着的降落伞。”

师妹说：“这个降落伞还是无形的，下雨了都不能当雨伞用一用。”

“保险容易给人的第三个印象更加不利，”皮尔森说，“保险大多是出了事之后才打交道，本来出了事就很不幸了，保险公司还要求受益人提供这个证明、那个资料的，这也不赔，那也扣除，自然会令人感到不舒服。虽然提供资料和证明是为了防止不当赔偿，保护其他投保人的利益，而且不赔可能也有不赔的道理，但理赔过程一般是一个牵涉双方利益的过程，很多时候是在赔付比例和金额不完全确定的条件下进行谈判的过程，即使保险公司或者理赔人员没有有意制造障碍，这个交易过程

也常有矛盾和冲突，不会像银行、证券业务那样简单、融洽。”

沙纳说：“保险比其他金融业务复杂，银行储蓄无非是计算好存和贷的利率差与时间差；证券呢，低买高卖，愿赌服输；信托则是信而托之，也不难。这保险最复杂，销售难，核保难，费率计算要用到高深的精算技术，也难。理赔则更难，涉及损失确定和赔付比例，赔付额如果达不成一致，甚至还要打官司。就是因为复杂，保险容易骗人，同样也因为复杂，很容易让人感觉到保险就是在骗人。”

李筑说："如果拉保费时乐呵呵的，出事理赔时冷冰冰的，没个痛快劲儿，这最可怕。"

沙纳说："即使理赔时冷冰冰，那也是保险公司理赔部门的事儿，不是代理人的事儿啊。板子还是不能打到代理人身上。"

皮尔森说："在美国，如果汽车出了保险事故，投保人一般给保险公司打个电话就可以获得赔偿，手续非常简便，保险公司做到了雪中送炭，那样关系就融洽多了。不过那需要有良好的社会信用机制，保险公司能够相信投保人，投保人也很少骗保险公司。其实最关键的是制度，美国法律对骗赔的打击非常严厉，也许投保人可以轻易地骗过 10 次，但若有一次不小心，被保险公司逮到了，他的损失将远远超过他 10 次骗赔的所有收益。如果骗赔的行为被记录到个人信用档案上，那损失将是更不可估量的，会影响到未来找工作、贷款、出国、缴税、社会保障和买商业保险等，以后在社会上就寸步难行了……"

陆彤问："那如果保险公司和代理人骗人呢？"

"这就是我们接下来要分析的。虽然以上三个印象会对保险业非常不利，但下面这一点才是问题的关键所在，因为这最终影响到保险行业的声誉。"皮尔森问，"大家知道'公地悲剧'这个词吗？"

公地悲剧：一群牧民面对公共的牧地，每个人都希望多养一些牛以增加自己的收入，而当所有牧民都增加养牛的数量以后，牧地会因为过度放牧而沙化，最终导致所有牛都被饿死。

师妹经济学专业的优势发挥出来："'公地悲剧'是一个经济学术语，也叫公共资源悲剧。是 1968 年由格瑞特•哈定提出来的，所以也叫'哈定悲剧'。哈定在《科学》杂志所举的例子是，一群牧民面对公共的牧地，每个人都希望多养一些牛以增加自己的收入，而当所有牧民都增加养牛的数量以后，牧地因为过度放牧而沙化，最终导致所有牛都被饿死。哈定悲剧在非洲热带雨林、内蒙古草原上获得了有力佐证。哈定认为，像公共牧地、人口过度增长、军备竞赛这样的困境是没有技术解决途径的，需要求助于制度和道德约束。"

皮尔森说："保险业是靠声誉吃饭的，即所谓'声誉是保险业的生命线'。但实际上，声誉就是保险业赖以生存的公共牧地，当保险公司或从业人员从眼前利益出发，不顾保险业的声誉误导消费者或者不守信用惜赔、滥赔的时候，保险业的公共牧地就会沙化，一旦沙化就很难恢复过来。”

声誉就是保险业赖以生存的公共牧地，当保险公司或从业人员从眼前利益出发，不顾保险业的声誉误导消费者或者不守信用惜赔、滥赔的时候，保险业的公共牧地就会沙化，一旦沙化就很难恢复过来。

师妹说：“经济学认为，哈定悲剧是由市场失灵造成的，是个体理性导致的集体行动非理性。对哈定悲剧的防止有两种办法，其一是制度上的，即建立中心化的权力机构，既包括为维护整体利益的公共权力机构，实际上就是在众多的资源使用者以外建立奖惩机制，也包括能够对公共资源行使所有权或处置权的私营机构；其二是道德约束。”

皮尔森说：“道德约束固然重要，但它的建立和改善是一个长期的过程。而中心权力机构实际上早已存在，那就是政府，在保险业，就是政府设立的保险监督管理部门。”

师妹插话：“经济学其实已经把这样的情况讲透了。如果公共牧地因为过度放牧而沙化了，你不能说根本原因是牧民的素质低，因为牧民扩大养牛量是符合追求利益最大化这一经济理性的。为了防止个体理性导致集体非理性，大家推选出来的管理公共牧地的个人或组织有责任采取各种办法保护好牧地，比如给每一个牧民设定养牛的限额，再比如涵养水源、施加肥料、防风固沙，以扩大牧地的产能，这不是单个牧民所能够做到的。因为单个牧民没有权力去给其他人设定配额。此外，牧地是公共资源，单个人维护它面临着正的外部收益溢出的问题，也就是个人支付维护成本，却由其他人受益，其他人搭便车的行为使单个人维护牧地的行为不具有良好的持续性。反过来说，如果单个牧民能够做到，还付出那么大的代价养着政府那群大老爷干吗呢？”

谢倾城说：“是不是同样的道理，保险业声誉差的板子不能全打到代理人的身上？”

皮尔森说：“你们看啊，自下而上的逻辑推理是，代理人为什么会陆彤说："我也觉得保险业最应该有的是一个好名声。就像个人一样，想有个好名声得先做一些有益于社会和他人的好事，起码不能让人觉得唯利是图。"

皮尔森说："这是保险业的社会形象话语权。"

沙纳急切地问："教授，其一是观念，那其二呢？"

"其二，监管部门收取的保险业务监管费是按照保险公司年度自留保费收入的0.8‰—1.6‰分险种收取的，虽然实行收支两条线制度并由财政部严格管理，但从经济学的角度讲，监管部门的收支和保险公司的保费收入挂钩可能会刺激监管部门重视保费收入，当然这只是理论上的推理。"皮尔森说："其三，你们的保险业还没有更好的评价机制来评价保险公司及其高管，既没有发达国家那样市场化程度非常高的保险经理人市场，经理人市场会根据保险职业经理人一段时期的业绩给他标一个市场价，干得好，升值，干得不好，贬值，这样，保险公司管理者干的如何，不是监管和主管部门说的算，而是市场说了算；也没有像美国的标准普尔、A.M.Best、穆迪、惠誉这样的专业评估机构给保险公司一个能够令人信服的评级。没有这些，怎么评价保险公司和它的管理层呢？保费收入和市场占有率是最容易拿来作为评价标准的了。"

"其四，中国还没有像美国保险业那样有一个强大统一的信息系统和规范的标准化的信息披露制度。在美国保险监督官协会和保险行业协会的推动下，已有多家美国保险公司采用了统一的ACORD信息系统，使保险业的数据交换成本平均降低了20%—30%。据美国保险监督官协会的调查，在个别公司，数据交换成本甚至降低到原来的20%。美国保险监督官协会估算，如果美国所有保险公司都采用同一标准，那么整个保险业每年将因此而节省27亿美元。而在成本降低的同时则是效率的提高。一些大型综合保险公司的案例表明，在采用了ACORD标准后，系统集成的工作效率提高了20%—50%。因为没有建立这样的信息平台，中国公众甚至监管部门对保险公司内部的了解都十分有限，公司之间也缺乏沟通，公司的大小、保费多寡自然也就被简单化地当做了评价公司实力和好坏的标准。”

“以上四点使‘不以保费论英雄’的口号难以落实。”皮尔森继续说：“好在你们的保险监管部门已经认识到了这些问题，并在着力解决。比如保险信息化和标准化的工作就很有起色。当然，发展要有一个过程，不可能一蹴而就。”

“对保险公司来说”，沙纳不住点头：“保费收入越多，保险公司及其管理者可支配的资金和可以控制的资源就越多，如果资本市场好，可以通过投资赚取更多的钱。”

师妹说：“可是，问题的关键就在这里，很多保险是现在缴费，若干年之后才拿保险金的，而投资市场也有萧条的时候，就怕保险公司的管理者们那时可能早就不在这个位置上了，只要现在的日子好过就可以了。这涉及我们经常在经济课上讨论的委托代理关系问题，特别是国有资产的产权问题了，比较复杂。”

谢倾城皱着眉说：“按照这样的逻辑关系，保险业声誉问题的根源不在代理人的素质，而在于更深的制度层面，那该如何解决这样的问题呢？”

保险业声誉问题的根源不在代理人的素质，而在于更深的制度层面。

“提出解决问题的思路之前，我们还需要分析一个问题，也就是谁为保险业声誉破坏支付成本？”皮尔森说：“现在人们把破坏保险业声誉的责任推到代理人身上，使代理人展业的难度加大，一些代理人都不好意思跟别人说自己是卖保险的，他们承受着最大的压力，保险代理人这个群体支付了无法计量的成本。”

沙纳苦笑说：“有时我介绍自己是保险公司的，别人就不理我了。我好郁闷。”

皮尔森说：“整个保险业的从业人员都在承受压力。按哈定悲剧的发挥应有的功能，其维护保险业声誉的重要作用没有发挥出来。因为缺少相关的法律法规，行业自律组织重要的监管职能还有不少被政府监管所占据——即使是资格考试、颁发证书这样的事务在一些省市仍由政府监管部门组织实施。同时，保险企业的内部监管也未真正发挥作用，历次保监会组织的财务大检查暴露出的问题也说明了这一点。监管主体缺位造成了一个怪圈：行业自律和企业内部监管功能没有发挥，必然要求政府监管部门‘代理’其相应的职能，而这样的代理又使行业自律和企业内部监管的作用更加无法发挥。结果是，产品设计、分保安排、企业分支机构设立、高层管理者的选定、内部财务检查等应该是由保险行业协会和保险企业自己做的事成了政府监管部门穷于应付的重担，而该由政府监管部门做好的事情，比如维护保险业声誉这样的大事却没有人力和精力去做了。这种状况必须改变。”

“最后，监管部门应重视保险业整体声誉的培养，培养和提高保险业的声誉是保险监管部门责无旁贷的义务。”

沙纳问：“具体怎么做才有效呢？”

“我觉得中国保险业有必要来一场声势浩大的提振保险业声誉的运动，重塑保险行业形象。把对声誉的重视放在对保费的关注之上，舒缓整个保险业上上下下绷得快要断裂的保费压力链条，让保险业有一两年的时间休养生息，恢复生态。”皮尔森长出一口气，喝了一口茶，才继续讲下去：“保险监管部门应在各个方面重视保险业声誉的恢复。以前几年争论颇多的一些保险公司开办的‘酒后驾车险’的开办为例，尽管从责任保险原理上，‘酒后驾车险’不存在问题，但这样的险种推出和宣传的时机却未必恰当。当前的情况是贫富分化仍在进行中、保险声誉欠佳、公众对保险理解不深、投保意识不强，这样的险种若仅从字面理解无疑会导致一些社会阶层的反感。政府监管部门的匆忙表态，无疑会将矛盾集中到一点，凸显保险的负面效应。而从保险业的声誉角度考虑，

实际上有更好的选择，比如可以借鉴英、美、日、韩等保险市场比较完善国家的经验，由保监会或保险行业协会组织及时推出‘未投保第三者责任保险的机动车辆第三方损害赔偿基金’，在肇事车辆违规未购买第三者责任保险且发生事故后肇事者不具备经济赔偿能力的情况下，由基金给第三方事故受害人予以一定的经济补偿。基金来源于对未购买第三者责任险车辆的罚款和从各保险公司车险利润的课赋。两种方式对保险业声誉的影响是不言而喻的。”

因为高流失率对客户和公司的影响是综合性的，远非建立一支收展队伍所能解决。

面对以上的冲突，保险营销模式的变革再次成为中国保险业实现跨越和可持续发展的突破口，而能够化解或彻底解决三大冲突的新营销模式的探索就显得十分必要。近些年，保险代理公司和保险经纪公司等专业保险中介公司数量的激增实际上也是在迎合保险营销模式转变的需要，但专业代理公司和经纪公司并不能解决个人营销制度中的三大冲突，实际上，专业保险中介公司本身也积累了一些令人头疼的问题。

那么，什么样的营销模式能够有效解决现存的三大冲突呢？目前可以预见到的、具有生命力的保险营销变革模式有三种：一是具有加盟店特征的“麦当劳”模式；二是类似于美国的州农场保险公司（State Farm Insurance）的专属代理人办公室模式；三是综合经营的保险直销超市模式。本文主要介绍具有加盟店特征的“麦当劳”模式。

加盟店模式也称商业特许经营管理模式，指特许经营人将自己所拥有的商标、商号、产品、专利和专有技术、经营模式等以特许合同的形式授予被特许人使用，被特许人按合同规定，在特许人统一的模式下从事经营活动，并向特许人支付相应费用的一种商业形态。

很多国际上著名的跨国公司，比如麦当劳、肯德基、百安居、家乐福、沃尔玛、必胜客、宜家等都属于这种商业模式，简单化(Simplification)、专业化(Specialization)和标准化(Standardization)是这种商业模式的主要特征，简称3S，这种模式方兴未艾，成就了一系列的国际商业巨头。

保险营销“麦当劳”模式是指将特许经营管理模式引入到保险营销中。代理人和保险公司达成加盟协议，在城市和农村社区建立标准化、专业化的保险营销加盟店（门店），保险公司将加盟店均匀布设在城市或村镇的居民社区内，主要为一个个社区内的居民服务（类似于设在小区内的银行网点），将其作为保险公司和各个社区居民交易的终端，加盟店与社区居民和保险公司建立稳定的合作关系。

保险营销“麦当劳”模式的好处是代理人加盟店可以基于保险公司的实力和品牌，与社区居民建立稳定互信的交易关系（就像银行利用其设在居民社区内的营业网点和居民建立的交易关系。假设银行不是设立网点，而是雇用代理人到居民家揽储，无论代理人怎样衣冠楚楚、能说会道，居民一般也不愿把现金交给代理人）。“跑得了和尚，跑不了庙”，与游方和尚相比，人们更相信庙，这符合中国的文化传统，也符合经济学的原理，庙与信众的信息比和尚与信众的信息更对称些，交易成本更低，当然这尤其适合市场经济秩序和社会信用机制尚须完善的中国国情。

此外，实行加盟连锁的保险公司与其授权成立的加盟店之间的关系是平等互利的合作关系，加盟店的经营靠的是保险公司的品牌，而不仅仅是加盟店自己的信誉和形象，加盟店的依赖感和归属感会大大增强（仍以银行业类比，比如中国工商银行的一个分理处即使服务再好，摘去工商银行的牌子也没法做业务）。更重要的是，加盟店做的是整个居民社区的保险业务，其产能将是单个代理人的千万倍，收入也将是单个代理人所无法企及的，因此，加盟地位就是加盟代理人最大的生活保障，为了保住加盟地位，加盟代理人将放弃一切短期利益，将自己的长期利益和保险公司的整体声誉和形象捆绑在一起，也要特别重视自己在社区中的形象，参与小区的公益活动，为小区居民提供免费的理财咨询和其他便利服务，成为居民区这个“熟人社会”的信息和交流中心，欺骗和诱导客户的行为将大大减少甚至绝迹。同时，只要社区内还有这家保险公司的加盟店（也许换了店主、移了店面，但挂着这家保险公司招牌的加盟店还在社区之内），“孤儿保单”的问题也将不复存在（正如一家银行的网点从小区东门移到西门，储户不会因此变为“孤儿”，因为小区内的储户是固定的、有限的，是银行的上帝，也将是加盟店和保险公司的上帝）。加盟店代理人的收入很好，关系稳定。代理人流失率高的痼疾也将因此痊愈。

保险营销“麦当劳”模式颇具魅力。在实务中，平安、太平洋和华新的一些代理人已经开始尝试在居民区开设自己的永久性门店了，效果颇佳。对加盟店而言，保险公司提供一整套经营模式，包括人员培训、商标和商誉、广告及产品宣传等，降低了时间与资金成本，并可迅速提高和扩大代理人的知名度。对保险公司而言，销售终端变得简捷而稳定，以最少的资本和人力资源占领和开拓市场的同时，有更多的精力去拓展其他业务，不再为与代理人的关系而头晕目眩。对消费者而言，社区居民可以极为方便而放心地获得特定保险公司标准化、专业化的保险产品及服务，在获得保险保障的同时，降低了搜寻成本。对整个保险业而言，行业形象的提升所带来的将是黄金般的发展机遇。

保险营销的专属代理人办公室模式。

二、保险营销的专属代理人办公室模式

一个退休了的农场主能够做什么呢？美国伊利诺伊州的乔治•迈哈尔从农场退休后的选择是利用销售保险来打发余生。

迈哈尔开始到一家小型保险公司做代理人。在展业过程中，他看到了农场车辆保险的商机，也体味到了个人保险代理人制度的一些弊端，并想到了一种克服这些弊端的销售模式。然后向他的老板提出了采用新模式的建议，但老板却回答他：“如果你认为你找到了一种好的销售方式，何不自己开家公司呢？”

不服输的个性促使迈哈尔真的就在1922年创办了自己的保险公司，取名叫State Farm Insurance，翻译成中文是“州农场保险公司”，其宏伟目标是把整个伊利诺伊州的农场保险都给做起来。1928年，州农场保险公司最早的三家保险代理人办公室成立，向附近的居民提供保险产品和服务。

其后七十多年时间里，州农场保险公司专属代理人办公室的布点逐渐遍布全美，并已拓展到加拿大。州农场保险公司的法宝是依靠固定的

专属代理人办公室，利用州农场保险公司的信誉而不是个人代理人的信誉销售保险，并为附近的社区提供丰富的理财服务，社区居民在买保险时，像人们到银行存款一样不再关心钱交给某个业务员是否可靠，因为不论谁做专属代理人，州农场保险公司的办公室始终在那里。而且更重要的是，州农场保险公司的代理人选拔非常严格，需要是在本社区有一定声望、信誉良好的人士，每个代理人235万美元的年平均销售额和面向代理人的优厚的员工福利足以留住任何类型的人才，保险公司和专属代理人之间形成了长期利益一致的共同体，没有专属代理人会欺骗客户或慢待客户，因为那将意味着专属代理人会失去在州农场保险公司的这份体面的工作。

目前，州农场保险公司是美国保费收入最高、市场份额最大的财险和意外险公司，人寿保险经营也居美国前8—10名左右。2006年位列世界500强第93位。美国20%的汽车和房屋都是由州农场保险公司承保的，其承保的家庭总数超过了美国全部家庭的20%以上，而且其市场份额还在上升。目前有17000名专属代理人（Exclusive Agent）。如同银行的网点，专属代理人办公室均匀分布于美国的每一个角落。州农场保险公司的广告语是“Like A Good Neighbor,State Farm Is There”（犹如一个好邻居，州农场保险公司就在那儿）。

州农场保险公司利用这种销售模式在几十年的时间里成为美国保险业的老大，这是那些在美国市场经营了两百多年的保险“老店”甚至迈哈尔本人都没有料到的。

州农场保险公司可谓是忠诚管理的表率。在州农场保险公司工作的业务员和保险代理人，其产能也比行业平均数高出40%左右。州农场保险公司在招聘时严谨而慎重。《财富》杂志曾经评论“州农场保险公司在招聘新业务员时所表现出的小心谨慎，绝不亚于一个人在选择结婚对象时的挑挑拣拣”。在别的企业里一个雇员可能会被随时解聘，但在州农场保险公司的专属代理人一旦得到聘用，一般都会终身受聘，除非是雇员本人有欺诈客户的行为。其实考虑到州农场保险公司的业务员平均已在该公司干了15—20个年头，而社会上的离婚率那么高，《财富》用婚姻作比喻实在是过于保守了。

在州农场保险公司，专属代理人的职业道路也与其他大多数大型保险公司的职员迥然不同，州农场公司的大部分专属代理人都愿意终身效命公司，从事相同的工作，并且踏踏实实地在各自创业伊始的地区，经营自己的专属代理人办公室，尽可能取得更好的声望和产能。即使有几位最终决定进入管理层，但一般来说却意味着收入的降低。因此，进入管理层的人往往是那些的确喜欢从事管理工作、干起来也得心应手的人。在整个集团内，管理层和销售人员没有天渊之别的收入差距，没有内勤、外勤和管理层错综复杂的矛盾，没有脱离销售一线、不切实际的产品设计和定价，更没有自以为是、等级森严的官僚体系。各尽所能、各得其所是州农场保险公司人力资源配置的基本原则。

州农场保险公司的营销模式是值得模仿的。但出于谨慎，笔者认为，任何保险公司尝试的第一步都应是小范围的试点。比如，可以选择合适的大区，在大区内选择合适的区域（最好同时包含城市地区和县域地区），开展专属代理人办公室的试点工作。专属代理人办公室在区域内均匀布点、深入社区。办公室的面积不要求很大，但应体现温馨和谐的气氛，使每一个专属代理人办公室成为保险公司形象宣传的定点广告，资料齐全，服务到位，成为和社区居民交流的场所。办公室设施应具有现代化特色，利用现有科技，与保险公司建立功能强大的高速互联网络，提供包含投保、核保、签单、风险管理、理赔等内容的一站式服务，实际上已是分公司服务柜台的延伸。

与加盟店模式不同的是，办公室的产权和设备归保险公司所有，代理人可以流动或更换，但办公室则要长期存续，成为保险公司设在居民社区的专业网点。专属代理人可以从目前的个人代理人中遴选，也可以从选定的社区招聘，或者从大学毕业生中选择。但选拔条件非常严格，其基本要求有三：其一，有良好的职业道德或社会声望；其二，具有金融理财规划师的基本技能，即不但深谙保险业务，而且懂股票、债券、黄金、外汇、期货、房地产投资业务，懂税务策划、遗产规划、企业员工福利规划和退休规划等理财知识，能够为客户提供全方位的理财建议；其三，具有一定的组织管理才能，能够带领一个高效率的团队。其初始的培训费用可能较高，美国州农场保险公司专属代理人的初始培训费用为15万美元，但这种制度实际上把目前撒给众多代理人的胡椒面集中到数量有限的专属代理人的培训上，接下来的工作只是利用激励和约束制度，留住已经培训出来的专属代理人，使之不再流失就可以了。

专属代理人按保险公司的正式员工管理，除提供社会保险（基本养老、基本医疗、工伤、失业和生育等社会保险）之外，还享受保险公司普通员工能够享受的员工福利计划，特别是企业年金和补充医疗保险。

需要特别说明的是，专属代理人办公室的销售模式并不是严格排斥现有的个人寿险代理人制度，原来的制度可以转换，也可以保留。同时，电子商务和电话直销也是需要加强的，丝毫不能有所偏废。

专属代理人办公室的销售模式并不是严格排斥现有的个人寿险代理人制度。

5 倾城之恋：当血红蛋白遇上一氧化碳

北京的冬天几乎是从美丽的秋天一下子跳过来的。到了11月初，几股寒流交汇，几场凄风苦雨，红叶飘零，气温骤然降到零下。

经过一段时间的艰苦创业，方泉的事业终于有了较大转机。校园图书电子商务的规模效应逐渐显现出来，业务量与日俱增，特别是北京几所高校教材科里靠吃教材回扣发家的几位蛀虫被接连挖出来之后，方泉的生意一下子就火爆起来，方泉的“校园书乡”网站上图书订单如雪片一般飞来，令方泉和他的两个助手应接不暇。后来同乡李筑也辞去了建筑公司的工作，加入了进来，但人力上仍捉襟见肘。师妹一有时间也去帮方泉的忙，这时方泉的网站已经不是挂在别人的服务器上了。网站完全独立出来之后，懂技术的就只有师妹了。师妹管理着网站，俨然一副CTO的做派。

谢倾城这一段时间不那么爱走神了。谢倾城每隔几天将要挤出一点时间到校门西侧方泉几个人租住的小作坊里看一眼。真是一副繁忙景象，半个房间堆满了书，方泉在几台电脑前穿梭着，电话也响个不停。谢倾城每次见到双眼布满血丝的方泉都格外心疼，但也没有办法，她自己的实验也到了比较关键的时刻，有时候差不多全天都泡在实验室里，导师的一项课题和自己的毕业论文都悬在她的实验上了，马虎不得。这时候谢倾城就会特别羡慕学经济学的师妹，看看书，发表两篇论文，就万事大吉了，要不是忙着帮方泉，这小妮子弄不好得闲出什么毛病来。

可就是在这最忙碌的时刻，方泉却受伤了。

方泉在往对外经贸大学送书时，路过一个路边市场，一个3岁左右的小男孩在妈妈跟菜贩讨价还价时，游荡到了马路中央。一辆小汽车疾驰而过，眼看惨剧就要发生。在众人的惊呼声中，方泉从三轮车上腾空而起，向汽车前的小男孩斜扑过去。小男孩被横推出去，撞到扑过来的妈妈怀里，毫发无伤。方泉却还是被小汽车的左前角刮了一下，撞出去3米多远。多亏方泉练过武术，在地上接连几滚，卸去了横撞的力道。即便如此，方泉直接接触汽车的腿部还是感到了非常剧烈地疼痛。

孩子的妈妈是对外经贸大学的教师，对方泉的舍命相救感激涕零，搀起挣扎着站起来的方泉，拍去他身上的土，执意让司机开车将方泉一同送到了附近的中日友好医院进行检查。拍了X光片之后，医生说有轻微骨折，尚无大碍，但需要住院观察。

方泉惦记着自己的网站，趁孩子妈妈回家送孩子的机会，和司机打了个招呼，从医院打车回到了住所。

直到3天后，方泉舍己救人的事迹见报，谢倾城与师妹才知道这件事，两人赶紧来到方泉这里。网站还是一如既往地繁忙，除了方泉在电脑面前穿梭的脚步有些迟缓，其他看不出有任何的异样，他还是神采奕奕，还是快乐安然。

师妹拿出报纸，说："方大哥你都成了名人了，我们却还蒙在鼓里，给我们讲讲你的英雄事迹吧。"

方泉憨厚地笑笑。李筑接过话茬说："若不是我李筑，这事啊别说见报了，谁都不会知道的。"

原来孩子的妈妈匆匆返回医院后发现方泉已经走了，也没留下姓名和联系方式。坐在医院门口的台阶上凭着自己的印象静静地仔细回想，总觉得这小伙子眼熟，猛然想起来好像是曾在校园里摆摊卖过旧教材的小伙子，当时自己还在他的摊子前翻了翻，看看自己编的教材是不是也进入了二手书市场。当时小伙子边帮忙找书还边打趣说："要是有您的书呢，说明您的书在学生中很畅销，利用率高；要是没有您的书呢，说明学生们喜欢您的书，毕业了也舍不得卖，留着当宝贝呢。"这话很风趣也有哲理，凡事要往好的方面想。所以她抬起头看了看摊主，还问过他是哪个系的学生。小伙子说自己不是大学生，就是个卖书的，不过跟许多学生都熟。

没想到方泉在学生中还真有一定的知名度。学生们说，小伙子那里新旧教材一应俱全，四六级和考研资料应有尽有，很是方便，现在还在校东门的小区里还办了一个卖书的网站呢，都是电子商务的CEO啦，更神奇的是把我们的校花都泡走了。人挺好，就是不知道那天救人的是不是他。

孩子的妈妈和她的记者朋友一同找了过来，方泉老远看见急忙躲进里间，告诉李筑出去招呼一下：“你就说你是这里唯一的主人，没有他们要找的人。”

李筑不知详情，莫名其妙。等到对方说明来意，才恍然大悟，说：“难怪方泉昨天回来一瘸一点的呢，原来又舍己救人了。这事对他来说实在不稀奇，做多了，既然你们来，我就把他供出来吧！”

就这样，方泉上了报纸，第一次成了有名英雄，几乎是一夜之间就成了公众人物。然而方泉对此并没有太大的兴趣，尽量回避媒体采访和公众活动，甚至婉拒了市见义勇为奖励基金会的奖金。他的心思还是放在自己的事业、自己的网站上，他要给倾城的家里一个证明：莫欺少年穷。

谢倾城看到方泉的伤并无大碍，悬着的心才又放了下来。可一波未平，一波又起，方泉那里发生的事情几乎是一件接着一件。

谢倾城是在实验室里接到师妹电话的。师妹异常冷静地说：“倾城你听好了，你别着急，整理好实验设备，锁好实验室的门，然后到中日医院。方泉凌晨煤气中毒，但现在的问题不大，医生说已经脱离了生命危险……”

方泉和他的两个助手算得上是公元2008年冬天北京第一批煤气中毒的人了。平房冷得早，李筑从房东那里要来煤球炉，点燃后房间变得暖烘烘的。谁也没想到第一天用，大家就中了毒，要不是李筑外出会友凌晨3点从外面回来，恐怕睡在房间里的三个人连命都没了。

谢倾城虽然按着师妹的吩咐，强自镇定，但仍是磕磕绊绊地冲进病房。看到倾城，方泉若无其事地坐起来。看着面色苍白的方泉，倾城不禁泪如雨下。方泉倒是很开心，说：“大难不死，必有后福啊，这实际上说明我们的事业能够倒腾大。”

李筑救了大家的命，俨然是个英雄，说："如果三位真的就这么死了，最可惜的就是没给大家买点保险了，你们'上有老，下没小'的，还有我这么个朋友，经济上也能有个着落，不用再去受包工头的盘剥，而且，我怎么着也得把网站继续办下去，以慰三位在天……"

谢倾城用泪眼横了他一下，李筑赶紧打住，打了个哈哈说："不要对救命恩人那么凶嘛。"然后知趣地退了出去。

恋人的柔情蜜意充满了病房，两个人挤在病房一角，方泉半躺着，谢倾城坐着，有说不完的话。几个小时一晃就过去了，谢倾城还想陪着方泉，但一个非常漂亮的护士小姐却一再很客气地请她离开。谢倾城悄悄地问方泉："美女护士为什么老让我走？"方泉悄悄说："同性相斥呗，谁让你比她更好看呢。"谢倾城拧了一下方泉的耳朵，嗔道："还要贫嘴，一氧化碳还没灌够吗，再弄一瓶？你给我注意着点，还同性相斥，异性就相吸啊？我晚上就来接你出院。"

沙纳开着他那辆宝马一直等在医院的大门口。看到谢倾城从医院的大门口出来，沙纳一踩油门，直接开到谢倾城身边。

谢倾城吓了一跳。当车窗玻璃摇下来，看到是沙纳，又微微吃了一惊。

"找我有事，还是偶然路过？"谢倾城问。

"你希望是哪一种呢？"沙纳反问。

"我希望哪一种也不是。最好你是在等一个美女护士，呵呵。"倾城也感叹自己的奇思妙想。

"美女护士？"沙纳却莫名其妙："赶紧上车，我送你回去。"

谢倾城迟疑了一下，还是乖乖地打开车门坐到副驾驶的座位上。

沙纳发动汽车，直接向北切入北四环路。

谢倾城直起身问："你往哪儿开，我要回学校，我的实验还撂在那里呢。"

沙纳说："看你不开心，带你兜兜风吧。我有事要问你。"

谢倾城有些不高兴："改天吧，我想回实验室。"

沙纳不耐烦地说："你被绑架了！"

谢倾城哈哈大笑："好啊，让我也尝尝遭绑架的滋味。说吧，想要什么，准备撕票吗？"

沙纳沉默片刻，叹了口气，说："我只想问你，你是否知道我喜欢你？"

谢倾城也叹了口气说："不知道，也不想知道。草花已有主，不入帝王家。"

沙纳说："血红蛋白和氧分子是一家，但一旦有了一氧化碳，血红蛋白就跟氧分子说拜拜，跟定一氧化碳了，这叫什么？"

"煤气中毒啊，有什么好？"

沙纳顿了一顿，说："我想做一氧化碳，也让你中中毒。"

谢倾城又叹了口气，说："没有了氧分子，血红蛋白还有什么意义呢？你也知道血红蛋白找到氧分子是多么地不容易。而跟了一氧化碳就意味着死亡。一氧化碳应该去它该去的地方，缠着血红蛋白就意味着悲剧的上演。"

沙纳沉默了好长时间，任由宝马车在四环上飞奔。

沙纳长长地出了一口气，说："我知道就是这样的结果。但是我得把话说明白，我要告诉你我的想法。别等几十年见面后，你告诉我你当时是爱我的呀，反而埋怨我为什么不说出来，然后我们俩抱头痛哭。那是小说中的情节，我可不做哪样的傻事。"

谢倾城呸了一声，说："美死你吧！"

沙纳哈哈大笑，然后郑重其事地说："过几天我就要被公司派到美国去工作了，很久很久都不会再回来了。"

车内很静，两人默默无言。

一直到车停在谢倾城实验室的门口，谢倾城默默下车走向实验室。

沙纳好像突然想起了什么大声问："倾城，为什么芍药园小区火灾死亡中的老华侨方锦文在大中华人寿买的保额 300 万元保单的受益人会是你呢？你跟这个案子有什么牵连吗？不会是你……"

谢倾城回过头来看了沙纳一眼，只摇了摇头，便飞快地跑进了实验室。

第3章

保险理财

保险知识点

1. 家庭理财
2. 资源配置
3. 保险产品的选择
4. 保险公司的选择
5. 保险代理人的选择

1 家庭理财与资源配置

落霞山庄的客厅里茶香四溢。

皮尔森的咖啡壶里煮着的是普洱茶。每个人的座位前还放着一个制作非常精美的小石杯，和我们以前在这里用的玻璃口杯比起来可真是有一种鸟枪换炮的感觉。皮尔森解释说茶和杯子是他昨天从跳蚤市场上淘回来的，咖啡壶、普洱茶和小石杯加一块儿，倒不知是俗还是雅。

师妹说是小雅，剩下的人异口同声说是大俗。

不过，茶具虽好，今天皮尔森却显得很疲惫，低哑着嗓子说："今天我们讲一堂保险理财课。"

大家的精神为之一振，理财可是目前中国大众最感兴趣的事儿，连小孩都知道你不理财，财不理你，都知道理财决定了一个人会是穷爸爸，还是富爸爸。这几年理财这件事儿在中国已深入人心了。

看着大家的精神振作起来，皮尔森的精神也振了一下，不过就像电力不足的台灯，立刻又黯淡下去了。

皮尔森教授委顿在沙发中，好像一条没有骨头的鱼。这条鱼嘴唇翕动，强打精神，一半英文，一半中文地讲起了保险理财。

"什么是理财呢？"皮尔森教授的屏幕上又打出一幅示意图。

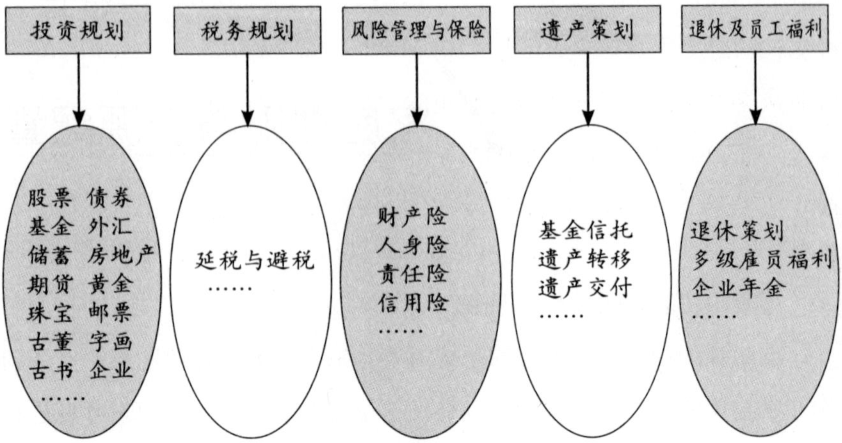

理财规划示意图

沙纳抢先答道："理财也叫金融理财、资金融通、打理钱财。"

皮尔森今天的表现很不对劲儿，只用鼻子哼了一声，说："那也太狭隘了，这里的'财'是财富的意思，既包括有形的财富，也包括无形的财富；既包括物质资源，也包括人力资源，你要仅仅把理财理解为金融理财，理解为资金融通和打理财产，只能说明你根本就不懂什么是理财。"

沙纳搔搔脑袋，做了个鬼脸。

理财就是科学地配置资源。

"理财是做什么的呢？从经济学的角度就是资源配置。"皮尔森说："在这张示意图上，我们可以看到，理财工具或者说理财规划主要有五种，即投资规划、税务规划、风险管理与保险规划、遗产规划、退休及员工福利规划。第一种是属于创业规划，目的是让少量的钱变多，后四种主要是守成规划，是保证个人和家庭现有的资源不至于流失。"

沙纳说："创业艰难，守成更难。"

李筑说："富不过三代。"

皮尔森说："不错，根据《福布斯》公布的富豪榜，在世界上，能够富过三代的家族是非常少的。400位曾进过全球富豪排行榜的家族中，目前仍在榜上的不到1/8。有家族财富难以持续问题的恐怕还要包括福布斯家族本身，1917年查理斯•福布斯创立了《福布斯》杂志，以刊登各大富豪榜而闻名于世，查理斯的儿子马尔科姆继承父业，将福布斯的事业推至顶峰，全世界的商界名流以《福布斯》为旗帜，广告费如洪流般向福布斯家族集聚。但如今，福布斯家族已有衰落的迹象，为了缓解财务困境，福布斯的第三代继承人连马尔科姆珍藏的俄国珍贵彩蛋都拿去拍卖了。”

大家一阵惋惜声。

皮尔森一声长叹，语重心长：“其实钱太多并不一定是好事，钱带来的也未必总是幸福。”

谢倾城问：“为什么会有‘富不过三代’这样的魔咒呢？”

“人们说，投资失误、重税和挥霍无度是搞垮这些富豪的三大原因，但这些原因实际上还都是表面上的，最关键的是缺乏科学的家族理财规划。” 皮尔森说：“为什么这样说呢？因为理财规划中的遗产规划和税务规划实际上都是可以应对遗产重税的，包括一些人身保险产品也可以起到合法避税的作用，受益人的保险金所得不能算作遗产，所以是不征收遗产税的。如果规划得当，重税也不是一个特别大的问题。投资规划如果做得好，投资失误基本可以避免，何况这么大的财富量，本身就能够承受一定程度的投资失误风险。当然，挥霍无度是最糟糕的问题，巨额财富可以毁掉后代，所以连沃伦•巴菲特和比尔•盖茨都希望把自己大部分的财富捐出去，而不是留给子女。但我觉得，两位富翁可能更主要的是出于回馈社会的考虑，他们的思想境界已经超越了金钱，因为遗产规划中的基金信托方式就可以部分地解决子女挥霍的问题。在基金信托方式下，子孙们可以动用的财富仅仅是遗产基金所带来的利息，数量有限，而整个基金则是由别的机构来管理的。”

谢倾城又问："理财规划真的能够打破'富不过三代'的魔咒吗？"

皮尔森说："最好的例子就是洛克菲勒家族，这个家族历经六代而不衰，不是这个家族的后代比其他富豪家族都优秀，而是整个家族各个方面的理财规划都做得非常到位。理财规划的本质是资源配置，这个资源既包括物质资源，也包括人力资源，而后者是最关键的。洛克菲勒家族的人力资源配置机制可以使所有后代都能够接受良好的教育，然后再将最有管理才能的后代选出来管理家族的财富，其他人则可以去做最适合做的事情。"

沙纳说："是不是可以说洛克菲勒家族的守成规划做得好，科学的资源配置是其长盛不衰的根本原因？"

皮尔森说："是的。我喜欢看中国历史，各个王朝灭亡的原因其实都不是天灾，而是人力资源配置不当。比如，宋朝的机制是逼着最有潜质的画家去当皇帝，明朝则逼着最有潜质的木匠或者荒淫无道的懒汉去当皇帝，管理一个国家，不灭亡才怪呢。一个家族、一个王朝都是一样的道理。"

李筑问："可是对于我们普通老百姓来说，应该怎么样去配置资源呢？"

"这是一个好问题。在各种理财渠道上科学地配置物质资源和人力资源，就是理财的本质。"皮尔森用目光向师妹发问："在经济学上，配置资源的原则是什么呢？"

"这很简单啊，边际成本等于边际收益呗！"师妹看看大家补充道："边际成本和边际收益是经济学里最基本的概念。举个例子来说吧，如果你去朋友家里做客，朋友给你端上来一大盘苹果，你吃第一个的时候，很开心，很幸福，因为口渴了，苹果的味道也不错。吃第二个苹果呢，就感觉到差不多了，够了。等吃第三个的时候，就感觉到撑，不舒服了。如果朋友再让你吃完第四个，你肯定要找借口走人了，因为这意思是苹果管饱，不管饭了。如果朋友说不行，你得吃第五个，弄不好就得跟他翻脸，再吃不是活受罪吗。如果吃第六个苹果，就得上老虎凳，第七个苹果是打死也吃不下了。"

李筑说："也是啊，同样是苹果，吃第一个和第七个的感觉就有天壤之别，怎么解释呢？"

师妹说："在经济学上，吃苹果带给人身心上的愉悦叫做'效用'，也可以看做是吃苹果的收益。每个苹果的价格是一样，也就说消费苹果的'成本'相同。边际成本就是最后一小块苹果的成本，'边际'就是边边角角、一丁点儿的意思。”

李筑问：“这个边边角角、一丁点儿有多小？”

沙纳接茬：“你能想象它有多小就有多小，可以苍蝇看不见，蚊子叮不着，小到以微米计算。这也就是高等数学里微积分的概念了。”

师妹表扬：“沙纳说的很形象，边际成本等于边际收益就是吃掉最后那一丁点儿苹果的成本等于它带给人的收益。到了这个点儿上，再继续吃苹果，后面的边际成本就大于边际收益了，就不再划算了，该到此为止了。”

皮尔森问：“按照经济学的解释，水果应该怎么样吃才能实现效用最大化呢？”

师妹说：“纵向上，应该把苹果留下来，每天吃一颗，总效用变大，营养吸收也最好。横向上，不应只是吃苹果，而是苹果、葡萄、梨子、芒果、荔枝、香蕉、草莓等都来点儿，搭配着吃，根据个人口味，每一种都恰到好处。”

皮尔森鼓掌说：“对。理财也是这样，每种理财规划、理财渠道或理财工具上都要配置资源，只不过决定配置资源多少的不是个人口味，而是要根据家庭结构、社会关系、年龄结构、收入状况、风险态度、风险状况、教育程度和理财工具的成本和价格等多个因素。”

陆彤说：“可是这么多因素，都考虑进来并决定资源配置可不是一件容易的事啊。”

皮尔森说：“所以啊，发达国家才有了一个专门的职业，叫做理财规划师。一个优秀的理财规划师应对所有的理财工具都了如指掌，跟一个客户谈半个小时的话，再参照客户提供的资料，就能够判断出对于这个客户的家庭来说，在每个理财渠道和每种理财工具上配置多少资源，就能够使边际成本等于边际收益。理财规划师的水平越高，经验越丰富，判断越准确，他设计的理财规划方案就越能打动客户的心，也就越有价值。比如说吧，一个客户的资料显示，他是一个风险厌恶型的人，其家庭的流动性资产约50万元，如果理财规划师把其中的40万元都规划出来投资股票，那就非常失败了，因为比例太大，家庭成员的喜怒哀乐就和股市的涨涨跌跌紧密联系在一起了，而且风险也太大。”

说到这里，皮尔森停了一下，提高了音调：“我要特别提醒大家注意，家庭理财的目标不是金钱，而是家庭的安宁和幸福。在一次关于理财的国际研讨会上，一个专家说‘家庭投资理财有两大目标，第一是如何在生前不断地创造和积累家庭资产；第二是如何将身前一辈子打拼而积累的资产顺利地实现身后安全完整的转移’。我当时就站起来抗议，我说你的理财观是典型的葛朗台观念，这样曲解理财目标不是让人异化为金钱的奴隶了吗？不过是聚敛财富传于子孙，远没有比尔•盖茨的境界。”

缓和了一下语气，皮尔森继续说：“理财的核心是资源配置，理财的目标是家庭的安宁和幸福。合在一起，理财比较科学的定义是为了家庭的幸福生活而进行的资源配置。在刚才的案例中，比较合适的可能是仅将5万元配置到股票市场，这时边际成本与边际收益大体接近，既能长期投资分享经济成长的结果，也不至于牵涉客户太多的精力、影响家庭的安宁，把剩下的配置到其他理财工具上去。”

理财的核心是资源配置，理财的目标是家庭的安宁和幸福。合在一起，理财比较科学的定义是为了家庭的幸福生活而进行的资源配置。

师妹说：“一个优秀的理财规划师是需要经过长期的经验积累才能炼成的吧？”

皮尔森说：“还需要一些灵性，有良好的‘财商’。”

李筑问：“我觉得自己很有理财天赋。不过，像我这样一个人，怎么才能成为一个优秀的理财规划师呢？”

皮尔森看了看墙上的时钟，说：“累了，我们去落霞山庄后面的半亩园吃饭去吧。店里的一幅字画会告诉大家如何从一个新手成为一个优秀的理财规划师。”

2 半亩园

半亩园是个具有国际知名度的连锁餐饮企业，生意兴隆，就餐环境幽雅。

皮尔森领着大家径直坐到离一幅字画最近的餐桌边，边点菜边让大家辨认字画上文字。那幅字写得龙飞凤舞，刚柔相济，功力浑厚：

理财从半半歌起步。

半生戎马，半世悠闲。半百岁月若烟，半亩耕耘田园。半间小店路边，半面半饼俱鲜，浅斟正好半酣。半客半友谈笑竟忘年，半醉半饱离座展欢颜。花开半时偏妍，半帆张扇免翻巅，马放半缰稳便。半少却饶滋味，半多反厌纠缠。半工半歌半为钱，半人半佛半神仙。半之乐，乐无边。

待大家认完，皮尔森说："这幅字是半亩园的一大特色，蕴涵着深刻的人生哲理。"

谢倾城说："是不是那个'半'字？"

皮尔森点头："你们看，每一句中都有一个'半'字，做什么都要做一半。"

师妹接茬："这个半半歌应该还有一个版本，我小的时候爷爷的书房里也有一个半半歌，有字有画。记得是由清朝诗人画家书法家兼老寿星李密庵所作。"

皮尔森眼睛一亮，忙问："还能记得吗？"

师妹站起来背着手，煞有介事摇头晃脑，边回忆边吟咏：

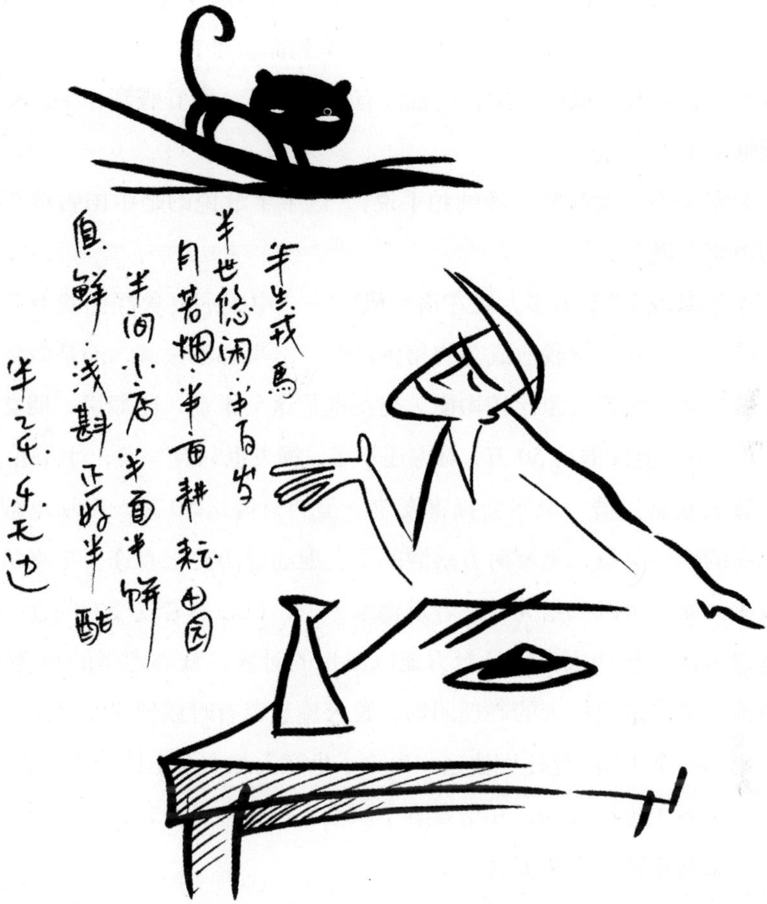

看破浮生过半，半之受用无边。半中岁月尽幽闲，半里乾坤宽展。

半郭半乡村舍，半山半水田园。半耕半读半经廛，半士半民姻眷。

半雅半粗器具，半华半实庭轩。衾裳半素半轻鲜，肴馔半丰半俭。

童仆半能半拙，妻儿半朴半贤。心情半佛半神仙，姓字半藏半显。

一半还之天地，让将一半人间。半思后代与沧田，半想阎罗怎见。

酒饮半酣正好，花开半吐偏妍。帆张半扇免翻颠，马放半缰稳便。

半少却饶滋味，半多反厌纠缠。百年苦乐半相参，会占便宜只半。

师妹故意把最后一句“会占便宜只半”念了两遍，说：“真是精当啊，便宜赚满了，对方收益为零，下次人家不和你玩了，一点便宜也不赚，成本太高，收益太低，下次自己也没有积极性了。便宜赚到一半，交易才能继续下去。”

大家为小才女鼓掌。沙纳拍手说：“这半半歌说的是中国古典哲学中的中庸之道吗？”

皮尔森说：“差不多。我在洛杉矶的一个中国朋友曾经向我夸耀他一生的成功，并告诉我他成功的秘诀是做什么事都不做满，而是做到一半，做生意时配置资源比较均衡。交友也是这个原则，比如说，朋友借100万美元，他仅借给50万，对方还不了，损失也只有一半，对方还了，当然皆大欢喜。借一半不会损害友谊，虽然只借给50万，但那也解决了朋友的燃眉之急，足够对方感激的了。他还说历史上有许多忘恩负义的故事，诚然可以归结为受恩者道德水平低，但施恩者就没有问题吗？当施恩太满、恩情太重以致对方无以回报的时候，从心理学的角度讲，就会给受恩者造成巨大的心理阴影，毁灭施恩者有时候便成了受恩者摆脱阴影的一个出路。他还说他这一生除了生意上和友谊上比较成功之外，在家庭关系上也很成功，和结发妻子从没有甜腻地过分，也不生分，所以一生家庭和睦，幸福美满。”

李筑还惦记着怎么成为一名优秀理财规划师的事，问道：“这幅字画是不是和理财也有着什么样的关系？”

皮尔森一笑：“没错，作为一个刚刚接触理财的人，不可能准确判断在各个理财渠道和理财工具上配置多少资源才能使边际成本等于边际收益，但却可以从半半开始。也就是说，在每个适合的理财渠道和理财工具上都配置一点资源。然后观察资源配置的效果，逐渐积累经验，随着经验和知识的积累，慢慢也就成熟了。”

萨缪尔森的幸福方程式：人的幸福感等于效用除以欲望。

皮尔森再用眼光问师妹：“学过萨缪尔森的幸福方程式吗？”

师妹说：“说的是人的幸福感等于效用除以欲望。效用越大，欲望越小，人就越能感觉到幸福；反之，效用越小，欲望越大，人就越不能感觉到幸福。”

皮尔森问：“如何达到效用最大？”

师妹答：“均衡配置资源。在每个资源配置渠道上达到边际成本等于边际收益。”

皮尔森点头：“理财是这样，人生也是这样。金庸笔下的岳不群和古龙笔下的楚留香有什么样的不同吗？”

大家很惊奇，这老外竟然还读中国的武侠小说。

陆彤说：“作者不同、年代不同、门派不同、正邪不同。”

李筑说：“岳不群不男不女，楚留香是男的。”

皮尔森说：“从理财的角度，这两个人最大的区别是资源配置不同。岳不群把所有的资源都配置到获取武林盟主的地位上去了，这些资源包括亲情、友情、师徒情、爱情、江湖名声和身体健康，结果呢？身败名裂，成了‘伪君子’的代名词，最后死得很难看，导致这样的结局是因为他的资源配置太过集中，边际成本已远远大于边际收益，所以总效用非常低，他的欲望很大，代入萨缪尔森幸福方程式，分子小分母大，所以幸福感极差。楚留香则不同，他的资源配置比较均衡，既重视爱情，也重视友谊，还重视江湖名望，重视身心感觉。在江湖上打拼，身心疲惫了，就回到三桅船上和李红袖、宋甜儿们在一起休养一段时间，该重出江湖都时候就再杀出去，这个古龙笔下最接近于神的人，无论是从为国为民的大侠角度，还是从除暴安良的小侠角度，都是一个效用很大、欲望很小从而幸福感很强的人。”

师妹笑着说：“看来，楚留香是理财规划师中的高手，而岳不群则是个不合格的理财规划师了。”

菜端上来了。皮尔森总结说：“因此，无论是在生活中，还是理财，要科学均衡地配置资源。要做楚留香，不要做岳不群。”

3 第一重选择：保险产品

吃完饭，皮尔森的课堂又移回落霞山庄。皮尔森说："下午课讨论的是如何选择缴费方式、险种、被保险人、受益人、保险金额，这些属于保险消费中的第一重选择。"

沙纳说："选择合适的保险产品可不是一件容易的事情。"

"是啊，不过，做任何事情都有诀窍，我们将它分解开来，事情就会变得相对简单。" 皮尔森说："我们已经讨论过不同的人生阶段如何选择保险产品了，现在我们分析另外几个问题。"

悦耳的手机铃声突然响起，陆彤掏出手机向皮尔森歉意地一笑，站起来走向门外。

看着陆彤走出房间，皮尔森说："第一个问题是买保险时选择趸缴还是期缴。"

沙纳说："这个问题挺重要的。一些代理人会在这方面对客户形成误导。"

趸缴就是一次性缴纳保险费，而期缴则是我们常见的分期付款。

皮尔森说："顾名思义，趸缴就是一次性缴纳保险费，而期缴则是我们常见的分期付款。趸缴的好处显而易见，一次缴费，省去了后面所有有关续缴保费的麻烦，但缺点是有些保险趸缴保费的经济压力过大。期缴的好处也同样很明显，各期缴费的压力变小。但其坏处是，若未来的某个阶段收入流大幅下降的时候缴费可能会出问题，缴费一旦成为负担，就会影响生活质量，更有甚者，可能会导致中断缴费、保单失效。"

沙纳说："是的。关于人身保险的期缴保费，《中华人民共和国保险法》第36条的规定是，投保人支付首期保险费后，除合同另有约定外，投保人自保险人催告之日起超过30日未支付当期保险费，或者超过规定的期限60日未支付当期保险费的，合同效力中止，或者由保险人按照合同约定的条件减少保险金额。”

谢倾城问：“是不是意味着超过60天投保人没缴保费，保险合同就终止，也就是解除了呢？”

沙纳说：“不是，这里中止的‘中’是中间的‘中’，而不是最终的‘终’，只是说超过60天之后发生保险事故，保险公司不承担赔偿责任，而不是解除保险合同。如果保险人与投保人中两年内协商并达成协议，在投保人补交保险费后，合同效力就又恢复了，合同继续有效。”

师妹问：“那要是达不成协议，或者中断缴费超过两年了呢？”

沙纳说：“保险法也有规定，这时保险人有权解除合同。保险人应当按照合同约定退还保险单的现金价值。”

李筑问：“我还是不明白，期缴和趸缴到底哪一个更划算呢？”

皮尔森说：“没有哪一个更划算之说，基本是一样的。用利息率和死亡率进行精算，期缴的保费全部折算到第一次缴费的时刻，应该是等于趸缴保费的。唯一的区别在于，有的保险合同是有保费豁免条款的，也就是如果投保人死亡，比如父亲是投保人，孩子是被保险人，父亲一旦死亡，剩下各期的保险费就不用缴了，哪怕是投保人只缴过一期保费呢，后面各期的保险费也可以豁免。”

李筑说：“那还不是期缴保费划算吗？”

皮尔森说：“狗肉出在狗身上，有保费豁免条款的保险单是要多缴些保险费的，投保人多缴的那些保险费加在一起正好是少数投保人死亡后豁免掉的那些保险费，保险公司都算好了。”

陆彤打完电话回来，喜形于色，好像有什么好事儿。坐下之前还亲昵地拍了一下谢倾城的肩膀，接着皮尔森的话说：“什么叫狗肉出在狗身上，那叫羊毛出在羊身上。”

大家乐了。皮尔森好像受到陆彤喜气的感染，耸耸肩顽皮地说：“好像也差不多啊！”

皮尔森精神大振，喝了一大口茶，继续说：“第二个问题是被保险人的选择。”

沙纳说：“这个问题简单，应该先给家庭的经济支柱买保险，然后再考虑其他家庭成员。”

皮尔森说：“说对了一半，的确，家庭的经济支柱是保险首先考虑的对象，因为经济支柱一旦发生事故，家庭的收入流将中断，而保险恰恰是为了在事故发生之后提供经济保障的。这里已经不需要再次强调了，以孩子为被保险人买了大量的保险，甚至连大学毕业后的创业金和老年之后的养老金都保障了，却遗漏了家庭的经济支柱，这是最最不合理的保险选择。然而另一个被大家所经常忽视的因素是风险状态，一个家庭中谁的风险越大，应该首先考虑谁。比如，丈夫是饭店厨师，收入不错，营养好，身体倍儿棒，所以风险很低；妻子是出租车司机，收入低，饥一顿饱一顿，人到中年，身体也处于亚健康状态，意外伤害和疾病风险都很高。那么首先是为谁买保险呢？”

沙纳说：“自然是妻子，因为她发生事故的概率高，特别是一旦生病，家庭的损失将是巨大的。”

皮尔森说：“对，千万不要忘记，保险是对付风险的，保险的功能首先是分散风险，其次才是经济补偿。不要只考虑到事故发生后收入的减少，还要充分考虑支出的增加，所以确定被保险人时经济收入和风险状态都是首先要考虑的要素。”

师妹问：“那受益人是否就可以选孩子了呢？”

皮尔森回答：“爱谁就选谁吧，尤其是要靠被保险人活着，一旦被保险人发生事故就会经济无着的那个人，当然受益人可以不是唯一的。”

沙纳又开始背诵法条："《中华人民共和国保险法》第 39 条规定，人身保险的受益人由被保险人或者投保人指定。投保人指定受益人时须经被保险人同意。投保人为与其有劳动关系的劳动者投保人身保险，不得指定被保险人及其近亲属以外的人为受益人。被保险人为无民事行为能力人或者限制民事行为能力人的，可以由其监护人指定受益人。被保险人或者投保人可以指定一人或者数人为受益人。受益人为数人的，被保险人或者投保人可以确定受益顺序和受益份额；未确定受益份额的，受益人按照相等份额享有受益权。"

皮尔森说："选择受益人的另一个需要着重考虑的要素是被保险人自己的安全，我们以前讨论过保险的负面效应，指定受益人要防范道德风险。中国有句古话叫'害人之心不可有，防人之心不可无'。"

沙纳接着背诵："投保人、受益人故意造成被保险人死亡、伤残或者疾病的，保险人不承担给付保险金的责任。投保人已交足两年以上保险费的，保险人应当按照合同约定向其他权利人退还保险单的现金价值。受益人故意造成被保险人死亡、伤残、疾病的，或者故意杀害被保险人未遂的，该受益人丧失受益权。"

皮尔森说："害也害了，惩罚不过是保险公司不给致害的受益人保险金。不管会不会东窗事发，最惨的是被保险人。"

沙纳继续背诵："被保险人死亡后，遇有下列情形之一的，保险金作为被保险人的遗产，由保险人依照《中华人民共和国继承法》的规定履行给付保险金的义务：（1）没有指定受益人的；（2）受益人先于被保险人死亡，没有其他受益人的；（3）受益人依法丧失受益权或者放弃受益权，没有其他受益人的。"

谢倾城实在忍不住了："你烦不烦啊！"

沙纳呵呵一笑说："不背了。但我得解释一下，如果保险金作为被保险人的遗产，必须执行遗产继承的法规，在偿还被保险人的债务缴纳

遗产税后，剩下的才归继承人所有。”

皮尔森说：“在指定受益人的时候，需要表达清楚，决不能含糊其辞。比如，如果受益人填的是‘子女’，那是前配偶子女呢，还是现配偶子女，或者是养子女呢？是婚生子女呢，还是非婚生子女呢？”

沙纳说：“我国的婚姻法规定，非婚生子女享有与婚生子女同等的权利，任何人不得加以危害和歧视。”

皮尔森说：“受益人如果指代不明，会有很多麻烦。”

受益人如果指代不明，会有很多麻烦。

沙纳说：“如果在受益人一栏里填‘法定’两个字也会遇到同样的麻烦。在国内，这种情况大多解释为法定继承人为受益人。如果家庭关系简单，法定继承人就那么几个人，还好办。如果家庭关系比较复杂，就特别容易产生纠纷。比如继承法规定，对子女的遗产享有继承权的包括生父母、养父母、继父母，一大堆，弄不好经常会打起来。”

皮尔森说：“被保险人和受益人的选择还是比较容易的，更难一些的是选择险种，因为它牵涉太多的因素。”

谢倾城说：“ 应该有一些比较普遍适用的原则吧。”

皮尔森说：“对于中国城市一般的家庭来说，意外伤害险和定期寿险是最有必要的。说意外伤害保险必要是因为谁都有发生意外伤害的可能，说定期寿险必要是因为中国城市一对父母和一个孩子组成的核心家庭中，孩子出生到长大成人这段时间——约 20 年左右，必须保障家庭收入流的安全和稳定。教育、医疗、长辈的赡养和住房这四座大山都由年轻夫妇的肩膀顶着，一旦其中之一发生意外或死亡，孩子教育和抚养就可能出现严重的问题，所以这段时间有必要通过保险保障家庭收入流的稳定，这一点我们以前的讨论也曾涉及。”

皮尔森一口气说累了，把目光转向沙纳。

沙纳接茬：“这两种保险最便宜，价格低廉但保额巨大，杠杆效用最大，所以最适合城市家庭购买。”

意外伤害险和定期寿险最便宜，价格低廉但保额巨大，杠杆效用最大，所以最适合城市家庭购买。

沙纳看了皮尔森一眼，得到的是鼓励和赞许，于是拉拉领带继续说：“这两个保障型险种是家庭保险理财中最基本的产品。在投资型的保险中，分红险的特点是稳健，万能险的特点是灵活，而投连险的特点则高风险加上高收益。这三种保险都兼具保障和投资功能。如何选择要根据每个个人和家庭的具体情况。”

皮尔森说：“保险产品选择完之后，就要选择适当的保险金额。沙纳你再讲讲如何选择保险金额呢？ ”

沙纳说：“选择保险金额其实也不难，我们培训代理人时教给他们的算法是一般家庭所需的保险总金额，大约是五年的生活费加上负债金额，再减去现有易变现的资产。保险金额＝每年生活费用 ×5 ＋现有负债金额－现有易变现资产。这样，即使家庭全部收入来源中断，靠保险金也可以在五年内维持原来的生活水平。好多理财书也是这么告诉读者的。”

皮尔森说：“这样的算法太简单化，很不科学。关键是不能将所有保险的保险金额加总，那是没有任何意义的。有的险种杠杆效应强，少量的保费就能够撬动很大的保险金额，而有的险种则相反，保费和保险金总额差距不大，所购买的险种组合多少变一变，保额的差距就很大了，保费支出也截然不同，但所购买的保险组合却未必合适。”

沙纳挠挠头发说：“也是啊，有的保险代理人就是先用这个公式帮助投保人算出一个保险金额，然后安排保费量大、杠杆效用小的险种，那样一算，投保人需要支出的保险费可就多了去了。看来我们保险业确实充斥着大量乱七八糟的错误观念，我们还拿它当真理教给别人呢。”

皮尔森说：“所以买保险选定险种是第一步，然后才是按险种确定保额。比如三口之家，选定了定期寿险，在一定的期限内，如果被保险人死亡，保险公司将向受益人支付一笔保险金。那就要看在未来的这段时间内，受益人需要多少钱才能保证‘一定’的教育和生活水平。这里为什么要强调‘一定’两个字呢？那是因为一般情况下，除非我们很有钱，不在乎保险费，否则是没有必要仅仅靠保险就保持原来的生活水平的，那样买保险的成本太大。悲剧发生，生活水平下降一些也是必然的，从风险管理的角度，生活水平略有下降的风险是可以承受、可以‘自留’的，应当注意，保险是能够提供经济防护的一块垫子，除了保险外，我们还会安排其他的理财渠道和保障方式所提供的防护，比如社会保障、比如储蓄、比如其他投资，从发达国家的经验看，20 年期的股票或基金投资，收益也是非常可观的，这实际上也是我们以前讨论中经常提到的综合理财观，而不是在资源配置时将保险这一理财产品和其他理财产品割裂开来，在一个理财渠道上配置过多的资源。”

沙纳说：“从下次培训开始，我将向我们的代理人灌输综合理财的观念，那样我们从每一个客户那里收到的保费可能会少点，但我们提供的理财方案对客户更有价值，客户会更相信我们，交易会持续，我们的客户会更多，市场会更大。”

师妹说：“保险就应该抛弃眼前的小利，放眼长期利益，没有客户、代理人和保险公司的共赢，销售是不具有可持续性的，保险业将是没有希望的。”

皮尔森接着说：“如果这个家庭也选择了意外伤害保险或健康保险，那么意外伤害保险或健康保险的保险金额选定主要是根据一旦被保险人发生意外伤害事故或生病后，一段时间内，家庭收入的减少额和未来支出的增加额，两者之和就可以作为意外伤害保险或健康保险的保险金额，意外伤害保险的保险金额多一点也没有关系，因为它的杠杆效应强，不会增加太多的保费支出。”

沙纳问：“如果是投资型险种，保险金额又该如何确定呢？”

皮尔森说：“因为投资型险种含有投资的成分，所以保险金额的选择就比较难了。不过我们仍可以用分解的方法来确定保险金额，也就是说，把分红险、万能险和投连险中纯保障的成分扣出来，用我们刚才说的方法确定纯保障的保险金额，然后再考虑投资的部分。我们前面说过分红险的特点是稳健，万能险的特点是灵活，而投连险的特点则是高风险加高收益。选择的时候需要根据个人和家庭的风险偏好进行搭配，而且，这三种保险都和保险公司的投资水平直接挂钩，如果客户认为保险公司的投资水平高于开放式基金，那就将分红险、万能险和投连险当做三种不同风格的基金来看待、来购买就可以了。”

分红险的特点是稳健，万能险的特点是灵活，而投连险的特点则高风险加上高收益。这三种保险都兼具保障和投资功能。如何选择要根据每个个人和家庭的具体情况。

4 第二重选择：保险公司与代理人

皮尔森说："选定了保险产品，下一步是选择保险公司和保险代理人，最好不要颠倒。"

谢倾城说："是不是像买东西，第一步是先弄清楚自己想要什么，第二步才是选择一家出售它的商场。而不是随便接受门口导购员的邀请进入一家商场，里面的推销员推销什么顾客就买什么。"

皮尔森说："一个聪明的保险消费者也应是如此。"

沙纳说："可是，很多人买保险是缘于某个保险公司的代理人主动来推销，然后就根据代理人的推荐，选择了这家保险公司的产品。"

皮尔森说："这就是保险知识普及的问题了，如果每个人都对保险有所了解，保险作为配置理财资源的一个渠道，保险消费成为个人和家庭的主动理财行为，这种情况就会较少发生，人们的保险消费行为会更理性、更科学，保险公司和代理人也就不用那么累了。这再次说明了保险知识科学普及的重要性。"

李筑说："那如果我已经选定了保险产品，又怎么样选择保险公司呢？"

沙纳说："目前中国内地已经有110多家保险公司。其中，财产保险公司40多家，人身险公司60多家，这些保险公司都是经过保监会批准成立的，而且要受到保险监管部门严格的偿付能力、市场行为和公司治理结构监管。"

谢倾城问："这些公司有什么差别吗？"

沙纳说："有的大，有的小；有的新，有的老；有中资公司，有外资公司与合资公司；有的是上市公司，实力雄厚，有的是专业化公司，在某一种业务上具有一些优势。"

皮尔森说："中国的保险业还处在发展的初级阶段，各个保险公司还没有在市场中形成核心竞争力，不像在保险业比较发达的国家，一提到健康险，大家都知道是信诺做得最好，一提到车险，大家就自然而然地想到州农场保险公司。在中国，保险公司的竞争优势还没有彻底分化出来，各个保险公司都差不多，产品雷同，大同小异。而且就寿险公司而言，由于偿付能力监管比较严格，法律又规定不得解散，即使破产也有其他寿险公司或国家财政部门来接盘，所以中国保险业快速发展的未来几十年内，估计都不会有寿险公司倒下去，所以还都是比较安全的。"

陆彤说："那就是说没必要左挑右选了吗？"

皮尔森说："也不是，各家公司的产品虽然趋同，但服务和口碑还是有差距的。要挑选服务和口碑较好的公司。"

各家公司的产品虽然趋同，但服务和口碑还是有差距的。要挑选服务和口碑较好的公司。

陆彤说："是不是不要招惹那些动不动就告诉投保人我有一个一百人的强大律师团等着你告的保险公司？"

"是的。对付服务和口碑不好的保险公司最好的办法就是用脚投票，远离它就可以了。"皮尔森说，"周围买过保险的人是越来越多了，买保险的时候先打听一下亲朋好友对某一个保险公司的感受，还可以到网上查查客户对公司的投诉情况和其他负面新闻，尤其是法律纠纷的处理结果、公司的公益形象。这个其实不难办到，举手投足的事儿。"

对付服务和口碑不好的保险公司最好的办法就是用脚投票，远离它就可以了。

沙纳说："我们公司的服务就不错，服务网点遍布全国，一地投保，可以做到全国通赔。我们没有强大的律师团，但我们有强大的服务团队，我们全国统一的服务电话是……"

谢倾城说："沙纳绝对是个忠诚员工，随时不忘做广告。"

大家都笑。皮尔森说："除了口碑之外，还可以到网上查查各家保险公司的偿付能力，这是最关键的一个变量，可惜的是保监会只公布各家保险公司的保费收入，这个数据远没有公司的偿付能力指标重要。”

沙纳说：“更可惜的是，我们没有发达国家那样有穆迪、标准普尔、A.M.Best、惠誉那样的评估机构给各家保险公司打个分、评个级，那样就可以降低投保人的搜寻成本。”

“没有的东西太多了，所以市场才会问题多多。”皮尔森说，“选择保险公司要重视其服务和口碑，选保险代理人更是如此。”

沙纳说：“我回国之后在保险公司实习期间也做过一年的保险代理人，所以对中国保险市场代理人的酸甜苦辣有很深的了解。代理人有着巨大的身心压力，默默地为保险业的发展做着贡献，大多数代理人的收入并不高，也缺乏‘五险一金’等社会保障，在保险公司面前处于弱势，在客户面前更处于弱势，为了一张一张保险单的签发付出着汗水和泪水，几乎承载了整个社会对保险业的疑虑和不满，却又不知自己错在何处，不知整个保险行业的问题出在哪里。你们知道形容代理人的最恰当词汇是什么吗？”

师妹说：“身心交瘁？”

陆彤说：“忍辱负重？”

李筑说：“耗子钻风箱，两头受气？”

谢倾城说：“无所适从，进退维谷？”

“不过作为一个保险代理人也有着一份难得的快乐，当自己的保险理财规划被客户认可；当历尽千辛万苦终于签了一张大单子；当自己客户危难之间获得了保险金对自己感激涕零；当憧憬着自己未来也会成为百万圆桌的会员；当自己的业绩受到保险公司的表扬，照片登在代理人明星榜单上；当自己诚信的声誉在客户中流传，自己能够为千家万户送去最适合的保险保障，那种幸福感真是无法替代，”沙纳说：“所以即使是身心交瘁，即使是忍辱负重，也有很多代理人乐此不疲，将自己的青春和汗水贡献给了自己热爱的这个职业。”

沙纳的目光有些迷蒙，“你们能够形容出当我卖出了第一张保单的时候我有多么快乐吗？”

师妹说：“兴高采烈？”

陆彤说：“心花怒放？”

李筑说：“请告诉我北在哪里？”

谢倾城说：“含笑九泉！”

大家忍俊不禁。

皮尔森说：“对于保险消费者来说，选一个好的代理人非常重要。选择的时候要注意，优秀的代理人需要具备七大要素。”

代理人需要具备七大要素：
1.资格
2.口碑
3.名气
4.知识
5.能力
6.态度
7.诚信

“哪七大要素？”

皮尔森掰着手指头如数家珍：“其一，资格。绝大多数国家都会对代理人的从业资格进行严格管理。”

沙纳说：“在中国，个人寿险保险代理人要有两个证，一个是《保险代理人资格证书》，一个是《保险代理人展业证书》。资格证书是通过保险监管部门的资格考试后由保险监管部门发的；展业证书则是保险公司发给代理人的。资格证书一般会被签署代理合同的保险公司留在公司，保险公司发的展业证书则在代理人的手上作为展业证明。不过代理人的资格证书虽不在代理人手里，但却随时可查，只要输入代理人的身份证号码，就可以在保险行业协会的网站或当地保险监管部门的网站上查到他的从业资格。”

皮尔森接着说：“其二，口碑。对代理人来说，口碑是最重要的。中国有句古话，‘大家都说好，肯定错不了’，口碑最实在。”

李筑说：“您哪儿来的那么多中国古话，还‘哪家人多我去哪儿，大中华人寿我看行’呢。”

皮尔森得意地一笑，“其三，名气。每年各家保险公司都会在正规出版的报纸、合规的网站上和其他新闻媒体上推介本公司的优秀代理人，这些人绝大多数名实相符，值得信赖。其四，知识。美国有句古话‘知识就是力量’，既然我们希望选择的是一个能够为自己提供最佳保险组合的代理人，就需要选择一个有知识、有力量的代理人，他要对保险有深刻的了解，对保险产品非常熟悉，知识丰富、眼界宽阔。一问三不知或不懂装懂都是无知的表现。其五，能力。一个好的代理人能够根据客户的具体情况设计出最适合的保险规划，最好能开出一份能够打到客户心坎上的家庭理财规划书，能够使每一个理财渠道的边际成本等于边际收益，在我们的理想中，保险销售人员应是一个具有较高水平的保险理财规划师。能够设计保险规划、投资策划、税务策划、退休规划和员工福利规划。在中国目前的市场状态下，一个优秀的代理人应该是和客户谈了两个小时的天，却总是站在客户的立场上说理财，从没有提到保险两个字，但客户最终认可了客户设计的理财规划，然后自然而然地接受了理财规划中的保险产品。”

沙纳说：“单刀直入讲保险已经不灵了，有些客户根本就不爱听。”

皮尔森说：“其六，态度。一个代理人应从本心出发为客户利益着想，从客户的角度考虑。他不会说签了你这一单，我这个月的任务就完成了。他也不会说你看我跟您介绍了这么长时间的保险了，您怎么着也得买点吧？”

陆彤说：“我最受不了的是代理人利用电话狂轰滥炸纠缠不休，他不让你休息，真恨不得关机。”

师妹添油加醋：“恨不得冲过去拿铐子铐上他？”

“如果人家都烦你了，怎么会买你的保单呢，欲速则不达。”皮尔森说：“更不要仅仅是嘴上说是为客户利益着想，我卖给你保单是为你好，应该是出于本心地为客户利益着想才对。”

师妹说：“从经济学上讲，人是自私的，这是经济学的最基本假设，但经济学也强调，人若为己，必先利他。每个人必先能够给别人带来价值，自己才能有收益。每个人都希望将自己的东西卖出去，但如果不考虑对方的需要，这样的东西反而是没有市场的。”

“是的。”皮尔森点头，“最后一条也是最重要的一条，诚信。欺骗和误导正在摧毁保险业发展的基石，也在毁灭代理人个人的前程，因此如果还想在保险业生存下去，必须做到诚信无欺。”

李筑问：“选择代理人有没有一个大致的步骤，比如说我要买一份保险，我该怎么做？”

“这是一个好问题。”皮尔森将投影翻了几页。屏幕上显示了一个标题“选择代理人的七个步骤”。

皮尔森指着投影上的文字说：“第一步，远接。”

李筑说：“是远接近迎的意思吗？”

皮尔森困惑地摇摇头，“什么‘远接近迎’？是远距离接触的意思。主要是从侧面了解代理人的情况，特别是看一个代理人是否具有七大要素中的口碑和名气。”

沙纳说：“汉语很美，但一词多义。”

皮尔森说：“和‘远接’相对应的是第二步‘近洽’，即从正面与保险代理人近距离接触。目的是通过代理人的言谈举止做出一个初步判断。”

李筑说：“有点像相面或者相亲？”

皮尔森说：“当然不是，买保险不是以貌取人。‘近洽’可以给双方一个直接感受，是否能谈得来，是否有长期合作的可能，保险代理人是否有知识、有能力，是否值得信赖。”

陆彤说：“我觉得中国的保险代理人特别重视着装，一个个都西装革履，如果在公共汽车或地铁上你见到一个黑西服、白衬衫、蓝领带、黑皮鞋的绅士目光迷离、神情谦恭地站在那里，十有八九就是一个保险

代理人。”

沙纳说：“刚开完晨会，喊完口号，去见客户了。”

皮尔森说：“正规着装的本意是给客户一个良好的第一印象。但过犹不及，其实很多客户还真的未必喜欢这身打扮。不同的人有不同的爱好，有的客户喜欢正规，有的客户喜欢随意。但无论如何，人们更关注的是一个人的内涵，而不管你是否像饭店服务生 样统 着装，打着领结，面带笑容，像个鬼子似的，见人就哈腰。”

这皮尔森真是个天才，连“鬼子”这样的词也能用得这么恰当。

皮尔森喝了一口茶，“第三步是对代理人进行考察。考察不是一次完成，而是随时随地。主要内容是考察代理人的资质，是否有代理资格。

简要了解代理人的经历，特别是在保险业的从业经历，比如可以很随意地问问代理人原来在哪个公司，为什么到现在这个公司来了？频频跳槽的代理人是很容易让客户的保单变成‘孤儿保单’的。还可以询问一下代理人对保险公司和保险业的看法，是否客观实际。考察的一个重要目的也在于考验代理人的耐心，因为保险是一个相对复杂的金融产品，在购买和后续服务中，都特别需要代理人的耐心。还要充分考察代理人的态度，他是在急切地销售保险单，还是希望能够为客户带来价值。如果对方特别地急功近利，则未必是一个好的代理人。比如代理人说，您帮帮我，就签一个字买一份吧，这就说明，他已经把自己的利益作为最先考虑的因素了。”

沙纳说:“要是碰见教授这样的客户，代理人的日子可就不好过了。”

皮尔森说：“恰恰相反，代理人的日子反而好过了。只要有了对客户朴朴素素的诚心和有一说一的诚信就足够了，根本不需要搞什么话术，玩什么花活。稻草可以被你说成金条，但稻草永远是稻草。”

沙纳补充：“如果保险没有配置给合适的客户，那与稻草无异。”

李筑说：“稻草也好啊，对毛驴来说，稻草比金条更有价值，稻草应该配置给毛驴，但人更喜欢金条，你不能拿稻草骗他。”

李筑说话的水平日渐提高。

皮尔森的语调慢下来，语重心长地说:“保险本身是个好东西，无须遮遮掩掩；保险提供的是经济保障，无须夸大其词，保险销售人员为客户带来了价值，无须羞羞答答。”

大家一致表示赞同。

“考察完是测验，”皮尔森接着说。

听到考试，师妹有点兴奋，“怎么感觉像考研，开卷还是闭卷？”

皮尔森说:“中国有句古话，叫做‘开卷有益’，当然是开卷了。”

谢倾城感慨:“开卷有益还可以这样解释啊，那怎么个测验法呢？”

测验保险代理人是否称职的10个问题。

皮尔森翻动投影，屏幕显示：测验保险代理人是否称职的10个问题。皮尔森说："也就是看看以下10个方面，代理人是否能够做到。"

1．代理人有没有主动提醒投保人认真履行如实告知义务。

如果一些重要事实，代理人问了，投保人没有告知，发生事故后，保险公司可以据此拒绝给付保险金。

2．代理人有没有主动提醒投保人亲自签署投保单及保险单回执。

如果代理人愿意替你在投保单和保险回执上签字，这样的代理人要小心。

3．代理人有没有主动告知所售产品的保险责任免除情况。

如果代理人对责任免除条款含糊其辞，遮遮掩掩，不愿清楚讲解，也要小心。同时还要留个心眼，保留证据，《中华人民共和国保险法》第17条规定，保险人对责任免除条款没有明确说明的，不产生效力，也就是不算数。

4．代理人有没有主动告知所售投资连结、万能寿险产品的费用扣除情况。

投资连结和万能寿险是要从投保人交来的保险费中扣除一些费用的，如果代理人故意隐瞒或有意遮掩，要小心。

5．代理人有没有主动告知所售投资连结和万能寿险产品的投资风险。

如果代理人只讲投资连结和万能寿险的好处，过分夸大其投资收益，却对其风险只字不提，要小心。

6．代理人有没有主动告知所售产品的退保损失情况。

如果代理人对退保损失遮遮掩掩，要小心。

7．代理人有没有主动告知投保人收到保险单后享有10天犹豫期。

投保人在收到保单后还有10天的犹豫期，如果在犹豫期内退保，投保人可以拿回全部保费。如果代理人只字不提犹豫期条款，要小心。

8. 代理人有没有主动告知保险争议应当通过协商调解、仲裁或诉讼来解决。

如果代理人不告诉你怎么样处理和他及保险公司的纠纷，要小心。

9. 代理人有没有许诺超出保险合同保证的任何利益。

如果代理人满嘴跑火车，许诺了保险合同之外的任何利益，要小心。

10. 代理人有没有唆使投保人终止保险合同改买新单。

如果代理人跳槽到一家新的保险公司，并告诉你新公司的产品好，让你退掉原来的保单，然后买他现在这家公司的新保单，要小心。1999年以前买的人身保险产品的预定利率很高，对投保人来说非常划算，但代理人却要找出各种理由劝你退掉买新单，更要小心。

皮尔森说："以上这10个方面是测验代理人最基本的关键点。如果全部合格，就可以进入第五步，试用阶段。"

师妹吐吐舌头："还要试用？"

皮尔森说："那是当然，伟大领袖毛主席说过，要想知道梨子的滋味，一定要亲口尝一尝。"

大家为皮尔森知道毛主席语录而鼓掌。

皮尔森愈发得意，说："用一些保费比较低、期限比较短的保险消费试用保险代理人。如果觉得代理人真的很不错，就可以从他那里获得长期、多品种的保险了。

沙纳说："如果希望代理人长期服务，他的能力是不是更重要些？"

"如果代理人的态度和诚信令人满意，能力就成为最重要的要素。如果客户能够确信，代理人是一个合格的理财规划师，有能力，那就进入第六步，定格，就是他了。" 皮尔森说："不过，如果想把代理人作为一生信赖的理财顾问，还要在漫长的交往过程中有所修正。所谓修正，包括换人，但更主要的是互相适应，因为重新选择是要付出成本的，是不得已才可为之的。这是最后的第七步。"

其中一个人低声说："我们是警察局的，请跟我们走一趟。我们有事要问你。"

方泉迟疑了一下说："等我把会开完。"

那个人说："不能，必须现在就走。"

方泉说："那么，请出示你们的证件。"

那个人从上衣袋里掏出一个东西递向方泉。就在这时，威廉•汤姆森的肘部突然向后猛撞，挣脱开去。然后反身向另两个人递了个眼色，三人形成包围圈再次向方泉围拢过来。

会场开始混乱，记者们赶紧收拾照相和录音器材，与会者往四周退去。

"慢着！" 一个人缓缓地从后排座位上站起来，竟是女警官陆彤。另一个着警察制服的人则站在门口，神情冷峻，正是警官骆风。

"对不起，请你们离开这里，这里的事儿由我们来处理。"陆彤很客气地对威廉•汤姆森说。大侦探迟疑了一下，说："我本来也是要把他送到你们那里去的，既然你们也出现在这里，我就放心了。不过千万不要让这个人走掉。"

说完，威廉•汤姆森和另外两个人悄然退出会场。

陆彤站到主席台的麦克风边上，大声说："我们是公安局的，知道今天有校园书乡网站的竞争对手会来闹事，所以守候在这里维持秩序。请大家安静下来，会议继续进行。"

骆风则与主持会议的几个领导低低地说了几句什么。会场很快安静下来，大家开始听方泉描述网站的发展蓝图。

第4章

水落石出

保险知识点

1. 受益人
2. 礼品保险
3. 爱情保险

1 皮尔森的推理

霞光笼罩着落霞山庄，冬日的夜晚就要来临了。

皮尔森有急事需要临时回国一次。皮尔森回国前的这次课可以说是最不成功的。不是课的内容不重要，而是除了我一个学员之外，竟没有其他学生到场。连师妹也没来，她哪儿去了呢？一夜之间大家就像从这个世界上蒸发了一般。

皮尔森坐在摇椅上显得很悠闲，问我的第一个问题是："你知道其他人都干什么去了吗？"

我总觉得这段时间，特别是今天有些不对劲，可是又说不出来不对劲在什么地方，隐隐地感到有什么事情在发生。

皮尔森见我答不出，说："他们去玩猫捉老鼠的游戏去了，我就是这场游戏的导演之一。"

我感到莫名其妙。

"还记得我此次中国之行的主要目的吗？"皮尔森问。

当然不是普及保险知识，教授此行是应邀前来破案的。可是案子，人命关天的……我都替他老人家不好意思，就整天赖在落霞山庄里就能把案子破了？难道是皮尔森教授只对讲课有兴趣，用打赌的办法激励威廉•汤姆森去破案，自己仅仅是利用这个机会做他喜欢做的事儿，给几个年轻人讲讲课，享受一下慵懒的生活，反正他也不在乎那点钱，莫非现在威廉•汤姆森那边已经大功告成了？

皮尔森似乎知道我在想什么，说："今天老华侨方锦文的案子就可以破了，可是那个大侦探威廉•汤姆森却仍像没头苍蝇一样四处乱撞——汉语中‘没头苍蝇’这个比喻太贴切了，这句话的创造者一定是个科学家，或者是个顽皮的孩子，我小时候就曾把苍蝇的头切下来，看他的身体在空中飞。”

有点恶心。

皮尔森继续说：“方锦文的死因其实并不复杂。这个案子看起来盘根错节、扑朔迷离，但关键点就在一个人身上。这个人就像一团线的头儿，只要按照这个头去拆解，再乱的线也可以理清。你知道这个人是谁？”

“难道是我？”我指着自己的鼻子，眼睛盯着皮尔森教授那大海般深蓝色的眸子有些许的惊恐。

“你是这个案件唯一的局外人，但这个关键人物就在我们的保险知识科普班上。”

“是陆彤，那个女警察，她并不是来学保险，而是暗中配合你破案的，这不难猜。”

“她是主要人物，但不是最关键的人物。不过，我们的目标是一致的，而且配合得非常好。”

“是沙纳，他将保单卖给方锦文，并偷偷地把受益人改为自己，为了获得保险金，杀害了方锦文……”我开始胡诌瞎猜。

“不是，两张保单的受益人都不是他。其中一张保单的受益人是谢倾城，另一张的受益人是方泉。”

这大大出乎我的意料。

“那么，是沙纳喜欢谢倾城，把保单的受益人改成了谢倾城，然后杀死了方锦文。”

“可是另一张保单的受益人是方泉又如何解释，难道你喜欢一个人会希望他的男朋友也发大财吗？”

“沙纳……”

皮尔森笑了，挖苦道："为什么老是盯住沙纳不放，你觉得他不是好人，或者他是你的情敌？"

谢倾城虽然漂亮，可是也不会大家都因为她彼此成了情敌吧。她在我眼里不过是一束花，欣赏一下，远远地闻闻花香，可从来没动过什么心思。

我辩解道："只有沙纳在这个时候出国了啊，逃亡海外了呗。"

皮尔森大乐："我过几天还回国呢，总不至于我也负罪潜逃吧？"

"谁知道呢，未必不会。"

"真是个怀疑主义者。"皮尔森苦笑着摇摇头说："猜不到吧，我告诉你，这个案件的关键人物就是谢倾城。我在美国接受大中华人寿邀请时，他们就把保单副本传给了我，我最先注意到的就是受益人一栏。令我万万没有想到的是，我一下飞机，接我的人中就有一个谢倾城。你是否还记得，当时我还问过你和沙纳，在中国叫'倾城'的人是否很多。沙纳说的是极少极少，若非真的出众，谁敢叫这样的名字呢？有这样一个巧合一切就可能迎刃而解了。当时我就确定我的破案策略是守株待兔、抽丝剥茧。"

"怎么一个守株待兔、抽丝剥茧？"

"保险类的案件最关键的就是受益人，只要从这里下手，绝大部分保险案件并不难破。因此，我决定开个保险知识科普班，把和案件有关的人召集到一块，再加上中国警官的配合，明察暗访，揭开案件真相不过是个时间问题罢了。"

保险类的案件最关键的就是受益人。

原来是这样。

"抽丝剥茧说起来容易，可是我一开始也走入了迷途。那首《黑色的星期天》曾困扰了我好长一段时间，也是我首先需要穿破的迷雾。"

"方锦文是不是因为听了那首致命的歌自杀的呢？"

"不是。一开始警方就已经大致给出了方锦文不是自杀的结论。那么，合理的逻辑是，既然不是自杀，那盘 CD 就极有可能是有人设的一个局，希望人们误入歧途，让警方和保险公司以为方锦文是自杀，从而逃脱法律的惩罚，并获得保险金。”

我说：“是的，方锦文签订两份寿险合同都在两年以前，按照中国保险法的规定，以死亡为给付保险金条件的合同，自合同成立之日起满两年后，如果被保险人自杀的，保险人可以按合同给付保险金。”

“300 万元的保险金很有可能会变成引诱人犯罪的恶魔，而这样做获得好处的只有受益人，所以一开始我就把嫌疑人锁定在谢倾城身上。可是谢倾城是那么好的一个女孩，漂亮、聪明，我是多么希望我的推理是错误的。”

我倒吸一口冷气。这不可能，不会是谢倾城，她出生在大城市的一个小康家庭，受过良好的小学、中学和大学教育，心地善良，虽说有时候伶牙俐齿，但那不过是美女保护自己的一层伪装罢了，这决不可能。

看出我的疑惑，皮尔森补充说：“一开始我也不相信，但后来知道她因为与方泉的恋情和家里决裂，方泉又需要一大笔创业基金的时候，我也有些相信了，对年轻人来说，为了爱情有时会不顾一切。”

“倾城也疯狂？可是逻辑推理并不等于现实……”

“是的，确定犯罪嫌疑人需要证据。陆彤从那盘 CD 上提取到的指纹和她在落霞山庄谢倾城喝水的杯子上提取的指纹完全相同，证明谢倾城是唯一动过那张 CD 唱盘的人，这就进一步证实了我们的猜想。”

难怪那次上课皮尔森改用一套精美的石杯招待大家。原来谢倾城用过的杯子被陆彤拿去了。

“我还是不相信谢倾城会做出这样的事情。”我说。

“没有人愿意相信。”

“她怎么会成为从美国回来的方锦文的受益人呢？”我问。

“这也是我们所关心的，我们想到了两种可能。其一是谢倾城和方锦文没有任何关系，在保险公司工作的沙纳是内线、是帮凶，他爱谢倾城，所以主动地或在谢倾城的要求下铤而走险，利用职务之便偷偷改动了方锦文保单的受益人；其二是方锦文和谢倾城有着某种别人不知道的关系，调查发现，方锦文家有时会有一个非常漂亮的女孩来访，并证实她就是谢倾城。”

我的心往下一沉，如同摔在冰冷的地面上隐隐作痛。难道最美丽的那束花竟然是罂粟花吗？

皮尔森看到我的反应，接着说下去：“我的直觉告诉我，谢倾城不会是那样的人，于是让陆彤及时地阻止了警方领导已经决定的直接讯问谢倾城的计划，再按这两个线索继续做一些深入调查。”

“的确不能轻率啊。”我感叹。

“好在调查结果和这两个猜想截然不同，沙纳对受益人的事并不知情，直到陆彤试探他的时候他才知道保单的受益人是谢倾城，而且大中华人寿对保单的管理程序非常严谨，即使是沙纳这样的管理层人员也是不可能擅自改动保单的。对第二个猜想的调查发现谢倾城和方锦文关系的纽带原来是方泉。多数时候是谢倾城和方泉一同到芍药园别墅方锦文的家去的。”

“那么方泉和方锦文是什么关系呢？”

“警官骆风为此亲自到安徽调查方泉的身世，发现方泉和方锦文是同族，方泉一直在家乡方锦文捐建的希望小学和中学读书。方泉志向远大，学习勤奋，方锦文对这个远房的孙辈十分喜爱。成绩不错的方泉高考失利，是方锦文所没有想到的。后来方泉到北京打工，方锦文恰好也独自一人也从美国回到北京定居。方锦文在北京没有亲人，方泉给了孤独的老人很多精神上的慰藉和力所能及的照顾，后来方泉带来了女朋友谢倾城，方锦文对这两个年轻人非常喜爱。”

原来是这样，我心神略定。

皮尔森继续说："方锦文知道方泉和谢倾城的困境，想要资助方泉创业，但方泉和谢倾城婉言谢绝，希望靠自己的努力闯出一片天地。方锦文想这样也好，就没有勉强。"

"那后来呢？"

"两年前方锦文生病，方泉和谢倾城尽心照顾，老人非常感动，病好之后背着方泉和谢倾城在大中华人寿和天华人寿买了两张大额保单，并将受益人分别指定为谢倾城和方泉，希望一旦自己不幸辞世，这两个孩子也能获得一定的经济保障，能够把他们的事业做下去。"

"如果谢倾城对保单的事情并不知情，她自然可以排除嫌疑了。"我松了一口气。

"《黑色的星期天》——自杀——大额保险金——指纹。所有的疑点都集中于谢倾城。如果不是我和陆彤警官在这个保险知识科普班上对谢倾城有了比较直观的了解，谢倾城几乎就要蒙冤含屈了。"

"太可怕了。"我说。

"这样，我们的逻辑就转到了是谁让我们将怀疑对象集中在谢倾城身上的，那谁就是最危险的人物，也就是最有可能是杀害方锦文的人。"

"是谁这么处心积虑地害人呢？"

"我们的视线就自然而然地转到了另一个人身上。"

"这个班就剩下我、师妹和李筑了，谁最可能？"

"不是这个班之内的人，是方锦文的女儿方韵。"

"方韵？"

"对，方韵。"

"女儿害父亲，为了保险金吗？"

"自然不是为了保险金，保险金只是令我们误入歧途的东西，最明显的是受益人既不是中国保险营销员喜欢写的'法定'，也不是方韵。方锦文去世，方韵是不可能拿到保险金的，"皮尔森解释："保险金仅仅是个偶然的巧合。”

我有点糊涂了。既然不是为了保险金，方韵为什么要害他父亲呢？

“方韵近几次来到中国大陆只是为了一幅字画而来。”

“一幅字画，文物？”

“方锦文生前是做什么的？”

“不知道，好像是挺有背景的。”

“世界上最大的拍卖行的执行董事和副总裁。”

“那一定整天和文物打交道。”

“知道《兰亭序》吗？”

“晋代王羲之的作品，现在到处是临摹的《兰亭序》，不过没有真迹，据说《兰亭序》的原本被唐太宗李世民带进了墓葬。”

“方锦文在退休前，用掉了若干年积累的全部财产和收藏品置换了一幅《兰亭序》。这幅画绝对是你们国宝中的国宝了，据说是清宫圆明园的珍藏品，1840年被八国联军的军官掠走，现在辗转到了方锦文的手里。”

“那可是价值连城啊！”

“何止连城？无价珍宝！”

“方锦文买它的目的不是自己占有，而是希望把它带回祖国，交给国家博物馆。”

“的确有一些专门从海外回购国家文物的热爱祖国的炎黄子孙，方锦文看来就是其中之一了。”

“为防意外，方锦文携《兰亭序》回到北京隐居，并和国家博物馆有了初步的接洽，因联络、申报、审批和鉴别真伪等工作耗时较长，《兰亭序》一直存放在方锦文的芍药园小区的家中。”

“因为价值太大，一切都在秘密进行。但这件事还是被方锦文长女方韵的前夫冈田志郎知道了。冈田志郎希望得到这幅画，于是以复婚为条件，恳求方韵想办法拿到这幅画。方韵深爱冈田志郎，年轻时为嫁给冈田志郎不惜和父亲决裂，后来两人因猜忌离异，但感情依旧很深，方韵一直没有再嫁，冈田志郎也一直没有再娶。”

“一边是爱人，一边是父亲，她可是够难的。那方韵知道他父亲要把画交给国家博物馆的事吗？”

“因为方韵的婚姻，方锦文和方韵的父女关系并不好，方韵可能对捐画的事并不清楚。不能明谈，只好智取。于是，方韵以美国绿野文化传播有限公司中国办事处首席代表的身份来到中国北京，其目的实际上是拿到《兰亭序》。”

“真是煞费苦心。”

“方韵第一次到北京芍药园父亲家里时，正好方泉和谢倾城在方锦文家里给老人过生日，其乐融融，其景感人。但在方韵看来，父亲对这两个年轻人的爱竟超过对自己的爱，她还怀疑方泉和谢倾城这样接近父亲可能有所企图，甚至是和她一样想得到《兰亭序》。”

“以小人之心，度君子之腹。”

“方韵确实犯了这样的错误。因为方泉和谢倾城根本不知道《兰亭序》的事。”

“方韵表面上对方泉和谢倾城很热情，但心里却非常紧张。”

“心里有鬼。这是2007年一部电影的名字，很贴切。”

“方韵精通音律。几天后再见到谢倾城时，她将包含《黑色的星期天》的两盘CD送给谢倾城作为礼物，其目的在于令方泉和谢倾城知难而退，使之不能有丝毫从方锦文处获得巨额财产，特别是《兰亭序》的幻想。”

想到《黑色星期天》的旋律，我的心仍像被抓了一下，剧烈地跳动。谢倾城在与家人的关系、方泉的事业和自己的学业三重压力下的精神状态一直不是很好。她如果听了《黑色的星期天》不知会有怎样的后果。方韵这样做是不是也正是看到了这一点？

皮尔森继续说："好在谢倾城并不知道 CD 里有什么曲子，也没拿回去听，而是拆开包装，将 CD 放进方锦文书房的唱机里，希望这些原汁原味的英文歌曲能给这个在美国生活了几十年的老人带来一些惊喜。"

"所以 CD 上就有了谢倾城的指纹，几乎成了她涉嫌犯罪的铁证。"

"是这样的。"

"几天后，方韵看到谢倾城没有异样，断然决定采取行动。她请朋友开车接方锦文去刚落成的国家大剧院去看京剧，自己则趁机到了芍药园小区父亲的家中盗走了《兰亭序》。方锦文戏看了一半，不知什么原因，可能仅仅是心里不踏实，就匆匆打车回家了。"

"然后遇到盗画的方韵，方韵杀死了自己的父亲？"

"不是这样，方锦文到家时，方韵已经拿走了《兰亭序》。最恐怖的是，方老先生回到家时，他的家里却藏着另一个人。方老先生不见了《兰亭序》便在家里四处寻找，一直到打开了这个人藏身的立柜。惊魂稍定的方锦文以为名画为其所偷，于是威胁报警，这个人便残忍地杀害了方锦文，并放火烧楼。"

"这个人是谁？"

正在这时，我的电话铃突然炸响。我按动接听键，师妹的话断断续续，我使劲地把手机凑紧耳根，师妹的话组成了这样一个大概："方泉把谢倾城约到了南郊丰台总部基地华铁总局的建筑工地……我感觉到倾城有危险……我先去，你最好能赶过来帮我们一下……"没等我细问，师妹的电话已经断了。再打过去反反复复就是一句话：你呼叫的用户不在服务区。

看到我急呼呼的样子，皮尔森教授则却好像是胸有成竹，窝在沙发里淡淡地一笑："赶紧去吧，该你出场了。"

2 英雄救美

从西山到丰台，走车辆稀少的西六环路，我开车一路狂奔。

这辆车是沙纳的宝马 730，他去美国之前将钥匙交给我，并嘱托我照顾好皮尔森教授，这车于是就成了我的座驾。

夜幕降临。人车合一，如御风而飞。我的脑子里却一直在琢磨，究竟是谁杀害了方锦文。师妹的电话非常蹊跷，方泉为什么要把谢倾城约到那么一个地方，难道是方泉？是方泉给大家设了一个骗局，一切的一切都是他的预谋？

成绩很好，却不在家乡复读上大学而宁愿来北京打工，难道就是为了某种企图接近方锦文。以“英雄救美人”的方式俘获了谢倾城的芳心，为什么方泉见义勇为的事儿都发生在谢倾城的眼皮底下，后来两人神奇的邂逅难道仅仅就是巧合？ 按照皮尔森教授的破案逻辑，保险类案件的焦点在受益人身上，可方锦文的两张大额保单中的一张受益人不就是方泉吗？我不禁打了一个冷战，如果方泉所有表现出来的优秀品质都是伪装，如果谢倾城和方锦文都被他欺骗了，那这样的人也太可怕了……

前面的一辆载重大货车突然刹住，我骤然警觉，一个急刹车。宝马就是宝马，在接近大货车的一刹那停了下来。我惊出一身冷汗。惊魂未定之际，刺耳的刹车声传来，我感觉车被人从后面推了一下，原来一辆出租车刹车不及，追在我的车屁股上。

停车查看，出租车的前车盖子已经被撞得掀起来了，宝马的屁股上却仅仅撞了一个小坑。我和出租车司机开始争辩事故责任，他怪我刹车太急，我怪他速度太快。正理论着，我的电话铃再次震响。师妹带着哭腔的声音传来：“华铁22栋一层，快报警……”接着就是嘟嘟的忙音。

我无瑕再顾及车祸，匆匆和出租车司机互留了电话，开车继续飞奔。

丰台创业园犹如一个大的建筑工地。许多楼宇还在建设。不过现在建筑工人早已下班了，园区掩映在一片黑影之中。

华铁在建的楼盘就在科丰桥南一条宽阔的马路旁边，我沿着运送建筑材料的沙石路进入建筑围墙封闭的大院，找到了靠近最东边的22栋。

静悄悄的，没有一丝灯光。

我走到门口，喊师妹的名字，没有回音。

我转回身打开后备箱，我找到一支手电筒，抄起一个大号扳子拎在手里走了进去。

手电筒雪亮的光束投射在黑洞洞的墙体上，形成黑白分明的两个世界。这是一个钢结构的高层建筑，一层是一间大堂，足有三层楼的高度。除了靠近左墙边隔出了几个房间之外，整个大堂还没有隔断，显得非常空旷，也并没有人。在成堆的沙石辅料旁边是成对称状排列的四个还没有装电梯的电梯井，在电梯井的左侧是一个通向二层的圆弧形的楼梯。

我又喊了一声师妹的名字，除了嗡嗡的回音之外，没有任何响动。难道是我记错地方了？我往门口的方向退了两步。这时，左墙边房间和圆弧形楼梯的方向传来“嗒”的一声轻微响动，我吓了一跳。侧耳细听并快步走向那几个已经隔出来的房间。房间总共有六个，都还没有装上门，我决定从右至左一个房间一个房间地查看。第一个房间里堆着几十罐油漆，散发着一股浓烈的油漆气味。我转身进入第二个房间，一个人形的东西吊在一架高高的梯子上，我忽然觉得头皮发炸，定睛细看，原来是一件肮脏的工服，上面还顶着一个安全帽。我骂了一声，转身，进入第三个房间。第三个，第四个，一直到第五个房间都空空如也，什么有没有。只剩下最后一个房间，我忽然觉得有些紧张。我刚要用手电向里照，身后又是“嗒”的一声，随后，一股硬物带起的风直奔后脑。我本能地一闪，头虽然躲过，但左肩还是被着实地砸中，我惨叫一声，大号扳子脱手，忍痛急转身抡起手电挥了过去。身后是一个高大的人影，光柱一闪，对方的脸蒙在一块黑布中，只有的一双眼睛在黑布的空洞中凶光毕露。

对方向我逼近，我大喊：“方泉，你要干什么？”

黑影冷哼一声，没说什么，奋力抡起铁棍再次向我挥来。

我用手电一架，一声闷响，左腕被击中，手电脱手。

黑暗中黑影再次抡起铁棍向我袭来，我本能地向后跳进第六个房间。

脚下一空，我感到自己深深地跌落下去，重重地摔在硬硬的地面上，黑暗如大山般地压了过来。

不知过了多久，我悠悠转醒，浑身火辣辣的疼痛。我的身边软软地依偎着一个人，是非常熟悉也非常特别的淡淡的紫罗兰香水味儿。是师妹！

我的眼睛好像已经适应了黑暗，奋力抬起头。我发现身边的师妹双手、双脚都被捆着，嘴也被一团黑色的东西堵着，只有眼睛还略带着几分笑意。她竟然还笑得出！

师妹向我努努嘴，我按照她的指示向右看去，另一边和师妹同样还绑着一个人，是谢倾城。谢倾城偎在墙角啜泣，虽然嘴被堵着，但我仍能听到谢倾城从心底里发出的悲声。

我问师妹：“这到底是怎么回事？”师妹没法回答，只是喉咙和鼻孔发出连续的吭吭声，因为她的嘴被堵着。我想用手去扯师妹嘴中堵着的布，才感觉到两只手传来的麻痛，左腕和右肩着了两记铁棍，估计即使没断也好不到哪儿去了。

师妹努努嘴。我会意，支起上半身，试图用嘴去叼师妹口中的烂布。师妹下意识地往后侧了一下头，然后不好意思地闭上了眼睛，再往前倾

了倾。我用了很大的劲儿才总师妹口中叼出了那团烂布。师妹长长地舒出一口气。

师妹费力地滚到谢倾城旁边——一个手和脚都被绑起来的人，无论她是不是淑女，动起来都别无选择地需要“滚”这么个词儿。

师妹还没忘了开玩笑：“倾城的这份儿就不需要劳您大驾了。”

我故作遗憾地长叹一声。

谢倾城口中的布被师妹如法炮制地叼了出来。谢倾城也长长地舒出了一口气。

我问师妹："你们是怎么掉到这里来到？"

师妹说："你是掉进来的，我们是被抓进来的。"

师妹向右侧示意，我才发现这个空间还有一个门。这是一个面积不大的地下室。而我掉下来的地方大概是和一层第六间隔起来的办公室通着的，只是还没有从中间用预制板隔离开，所以一旦进入第六个房间，就会掉下来。而黑影的目的大概就是用铁棍将我赶进来。

"谁把你们抓进来的？"我问。

师妹无言，谢倾城啜泣。

片刻，师妹问："你刚才在上面喊'方泉，你要干什么'，难道你还不知道他是谁？"

我说："我是在猜测，他蒙着面。"

谢倾城突然问："你也没有看到那个人的真面目？"

我摇头。

谢倾城停止了啜泣，沉默了片刻说："我觉得那人不是方泉。你们在上面打斗的时候我都在怀疑，只是你那一声叫把我击垮了，可是我现在确信那人不是方泉。"

师妹说："我也觉得奇怪，那人从来不说话。我们一进来就被他给绑上关到这里面了。他对倾城没有任何的怜惜，反而像有什么仇似的。"

谢倾城说："方泉约我到这里来用的是手机短信，我给他打电话他不接。还有，这个身上的味道和方泉也不一样……"

我和师妹的目光不约而同地接触了一下：恋人的味道大概只可意会，不可言传。

谢倾城又沉默了好长时间："我觉得他是另外一个人。对，一定是他。"

我和师妹屏息要听谢倾城接着讲，上面却传来一阵杂乱的脚步声，手电筒的光束晃来晃去。不一会儿，门被开启。首先进来的是高大、瘦削的皮尔森教授，然后是陆彤和另两个警察。

陆彤伏下身利落地解开师妹和谢倾城身上的绳索，两个警察则小心地把我抬起来。谢倾城急切地问陆彤："方泉在哪里？他没事儿吧？"

皮尔森一笑："放心吧，方泉正从家里往北京赶——有人告诉他他母亲病重，让他星夜兼程往家赶，等到他回家后看到母亲没有病，就立马赶回北京了。"

陆彤伏下身查看我的伤情说："此地不是讲话之所，具体的事，咱们到车上再说吧。"

3 玩火者

在宽大的警车上，一个人蜷缩着被铐在车厢最后专门押解犯人的地方。警官骆风则坐在他的旁边，将吸到嘴里的烟轻轻吐出来，喷到那个人苍白的脸上。我看到这个人吃了一惊——是李筑。原来是他！一系列画面在脑海中闪过，迷雾消散，一切都豁然开朗。

皮尔森教授悠悠地说："李筑是方泉的好朋友，可是他却极端嫉妒方泉拥有的一切。他去方锦文家行窃，开始仅仅是为获得一些钱财。他在书房的外面窥探到方老先生在书房欣赏一幅字画。当电话响起到时候，方老先生把画藏在了一床空调被中。那幅字就是价值连城的《兰亭序》。电话是方韵打来的，方老先生受女儿到邀请去国家大剧院看京剧。李筑把被中的藏品偷出来包好准备逃离。这时方锦文的女儿从外面进来，打

"李筑把你们困在这里后，迅速到附近的新发地农产品批发市场管仓库的一个同乡那里取走了包在行李中的字画，并将手机送给了那个不知情的同乡，请他用这个手机偶尔向方泉的家乡发个短信。李筑这样做的目的是利用警方对方泉手机信号的跟踪搅乱警方的视线，这样他就可以神不知鬼不觉地离开北京。没想到，包括南苑机场、西客站、首都机场甚至长途客运站都已经布满了警方的眼线，只等他来自投罗网。李筑在丰台害你们是因为他曾经在这里当过建筑工，对这里非常熟悉，容易下手，还有一个原因是这里离南苑机场近，而与首都机场相比，南苑机场更不引人注意，容易逃离。"

4 倾城之恋：好人一生平安

谢倾城的实验也大功告成。方泉的事业更是突飞猛进，校园书乡电子商务公司又接连获得了几笔规模更大的风险投资。方泉真的要开着大奔来接谢倾城过门了。

谢倾城的父亲逐渐接纳了方泉，并资助两个年轻人购买了新居，还把方泉的妈妈接到了北京，共同敲定了方泉和谢倾城结婚的时间。

几个月后，方泉和谢倾城的婚礼如期举行，比较特别的是主婚人是一个老外。皮尔森教授神采奕奕地出现在礼堂最前方主婚人的位置上。

皮尔森教授送的礼物很特别，是一张保险单。教授解释说在一些发达国家，人们互赠保单是很常见的。"愿上帝保佑你"，这句话有点推卸责任之嫌，所有祝福者都把保佑对方的责任推给了上帝，可是上帝太忙了，保佑不过来。反倒是保险的保障实实在在，送礼送保单，体现了人与人之间的真切关怀。可惜的是中国的保险公司还没有意识到“礼物保单”的市场潜力，没有开发出特别适合各种礼节的保险产品，因此作为礼仪大国的中国的礼品市场仍旧被一些劣质的保健品所充斥，哪里有保险保障来得实在，又充满温情呢？

送礼送保单，体现了人与人之间的真切关怀。可惜的是中国的保险公司还没有意识到“礼物保单”的市场潜力，没有开发出特别适合各种礼节的保险产品，因此作为礼仪大国的中国的礼品市场仍旧被一些劣质的保健品所充斥，哪里有保险保障来得实在，又充满温情呢？

皮尔森送的保单是由康泰保险公司设计的“爱家之约”。皮尔森说这张保单就很适合做礼物，因为它不是一个简单的产品，而是一套产品组合，主险和附加险共包含27个险种，涵盖了养老、理财、健康、医疗、意外伤害、豁免保费、生命保障、子女教育、女性健康等九大方面的保障，客户可自由选择保险项目，也可以随着家庭结构的变化而随时加保。皮尔森教授精心为方泉和谢倾城选择了9个险种。本来想解释一下选择这9个险种的原因，可这毕竟是婚礼，不是课堂，教授讲课的欲望再强烈也得忍着。不过皮尔森还是给我们几个人留下了家庭作业，让我们根据他教给我们的保险知识说明他的选择道理何在。还有一个论述题：分析一下爱情保险的原理和前景。

席间，皮尔森教授特地从主婚席跑到我们这一桌，交代下来，这个家庭作业一定要是书面的，要用电子邮件发给他，而且通知监狱中的李筑也要做一份。

李筑的作业写得极为好玩，先是分析了皮尔森教授的礼物保单，说教授您精得真像个老狐狸，27选9搞得那叫一精啊，该保的风险全保了，该省的也全省了，一分钱也没多花，保险公司也得服。喟叹啊，苍天啊，既生李筑，何生“老皮”呢？这一生栽在你手里也算值了。然后说爱情这个东西吧，它是可以保险的，因为除了谢倾城对方泉，我看其他人的爱情都是不确定的，需要保险，而且社会的离婚率是可以计算的，技术上可行，保险公司有的赚。不过呢，爱情保险的险种还是太少了，如果让我李筑来开发，我给他设计两大类险种，一类是婚前爱情保险，以恋索赔案和皮尔森教授有关联，皮尔森有协助骗赔嫌疑，并已经通过美国警方要求皮尔森教授‘协助调查’呢。这叫一热闹。过几天啊，皮尔森教授就将被大侦探‘押解’回国了。弄不好啊，又是一个大冤案！”

我们听了皆哈哈大笑，引得全场客人都向我们这边张望。

5 砖头从楼上雨点般坠落

把方泉和谢倾城送入洞房，我乘着酒兴飘飘然回到学校。

方泉和谢倾城的故事让我真正体验到了“有情人终成眷属”这句话的分量。世界之大，找到生命中的另一半可不是一件容易的事情。看看人家，想想自己，想着想着就不由得精神恍惚起来。

已走近宿舍楼。猛听到楼上一生娇喝：“小心，接着！”

抬头望去，大大小小的砖块如雨点般坠落下来，我急忙跳步闪开。

“京骂”出口，怒目而视。砖头落下来的地方——五层第五个房间的窗帘后隐现的竟是师妹那张俊俏的笑脸。

我晕乎乎的头脑中忽然电光火石地一闪念：莫非我给师妹出的扔砖头砸情郎的主意，受害者竟是我自己吗？

凝神再看，五层的那个川妹子已得意地探出头来。那动作，那风情，比当年潘金莲水泼西门庆又能好到哪里去了呢？

（全书完）

项界定清楚、使权责明确，用字斟句酌但难以理解的法律术语而不是用“大白话”来表述是必要的。在法庭上，日常用语和法律名词经常有着不同的含义，也就至关辩控双方的权益。与其他有形的商品交易不同，保险交易完全是建立在一纸合同的基础之上的，在一张短短的保险单上，兼顾通俗性和严谨性，谈何容易！

本书希望解释各个层面的一些疑惑。比如，作为代理人，你真的理解保险吗？为什么我们在为客户全心全意地服务，可客户不相信我们，却相信那些不诚信的竞争对手？是客户没有保险意识，还是我们本身对保险就有一些认识上的误区？在误区中实践，我们却以为它是真理。

作为保险消费者，我们如何正确认识保险的正面和负面效应？为什么不能盲目地购买或一味地排斥？我们如何将保险纳入一生的理财规划？如何以最小的成本获得最大的保障？如何利用保险这一有力的工具？如何做一个权益不受侵害的聪明的保险消费者？

保险公司和中介公司的管理者，甚至保险监管部门的一些决策者，很多都没有经过专业系统的保险知识训练。一些人一方面忽略保险经济学、保险精算学和保险法学、公司营销和保险企业经营管理等广博而综合的知识体系，秉持着“保险没有理论”的奇谈怪论，轻视保险理论；另一方面则坚持着一些片面甚至错误的经营管理理念，将保险业引入一个个的死胡同中。

但大众保险知识的普及却非常有助于解决这样一些疑惑。消费者若欲拨开误导的迷雾，首先就应该有最基本的保险知识。

保险知识的普及首先应该让受众能够无障碍地阅读到必要的保险知识。在这个信息爆炸的年代，让一个人静下心来把一本书读完，绝对不是一件容易的事情。

市面上也有一些关于保险理财或者普及保险知识的书籍，有些也很有水平，但很多人却从来没有耐心读完其中的一本，因为它实在不能吸引读者读下去。满怀希望地将书买回，耐着性子读完几页然后将其束之高阁，这似乎已经成为一种常态。

怎么样让读者把手里的书一口气读完，在轻松愉悦之余学到其中的保险知识呢？讲一个用悬疑推理和爱情元素引人入胜的故事吧。这套书秉承的就是这样一种理念。

“大家写小书”，是我的一位好友对我做这件事的评语，他是一家杂志社的主编，满腹经纶却谦虚、恬淡。他的这句评语我接受后面的部分，这套书的确是一套小书，但我希望这本小书能发挥大的作用，比我呕心沥血写的那些学术论文和著作更有意义。至于前面的“大家”那是万万不敢当的，当朋友说我是一棵树的时候，我还是有自知之明的，我不过是一棵小葱。在浩瀚的保险知识体系面前，我不过是一个刚入门径的小学生罢了。如果一定要用“大家”两个字，我觉得应该是“大家一起来行动”的大家，指“大伙儿”的意思。保险知识的普及，个人之力是非常有限的，让我们大家行动起来，共同普及科学的保险知识吧。

限于个人能力，书中难免会有一些偏颇乃至谬误之处，热切期望读者指正并提出建设性的改进意见。

王国军

2009年秋于北京